La Belle au bois dormant et autres contes

JACOB ET WILHELM GRIMM

La Belle au bois dormant et autres contes

TRADUIT DE L'ALLEMAND
PAR ARMEL GUERNE

ILLUSTRATIONS DE GWEN KERAVAL

Dossier pédagogique de Cécile Dusserre-Telmond

Castor Poche

Une précédente édition de ce texte a paru en 1989
dans la collection « Castor Poche ».

87, quai Panhard-et-Levassor – 75647 Paris Cedex 13
ISBN : 978-2-0812-6584-4

La Belle au bois dormant

Il y avait dans le temps un roi et une reine qui se répétaient chaque jour : « Ah ! si seulement nous avions un enfant ! » Mais ils n'en avaient toujours pas. Un jour que la reine était au bain, il advint qu'une grenouille sauta de l'eau pour s'avancer vers elle et lui parler :

— Ton vœu sera exaucé, lui annonça-t-elle ; avant un an, tu mettras une fille au monde.

Ce que la grenouille avait dit se produisit, et la reine donna naissance à une fille ; l'enfant était tellement jolie que le roi ne se tenait plus de joie et fit donner une grande fête. Il ne se contenta pas d'y inviter ses parents, amis et connaissances, mais il voulut aussi que les fées y eussent part afin qu'elles fussent favorables et bienveillantes à l'enfant. On en comptait treize dans le royaume, mais comme il n'y avait que douze assiettes d'or au palais, pour leur servir le festin, il fallut en laisser une chez elle.

La fête eut lieu et le festin se déroula au milieu des splendeurs, puis, quand tout finissait, les fées revêtirent l'enfant de leurs dons merveilleux : de l'une, la vertu ; de l'autre, la beauté ; de la troisième, la richesse, et ainsi de suite pour tout ce qu'on peut souhaiter avoir au monde. La onzième venait juste de prononcer son incantation quand, brusquement, entra la treizième : celle qui n'avait pas été invitée et qui voulait se venger. Sans un salut ni seulement un regard pour personne, elle lança à voix haute sur le berceau cette parole :

— La princesse, quand elle aura quinze ans, se piquera avec un fuseau et tombera morte.

Sans un mot de plus, elle fit demi-tour et quitta la chambre. Dans l'effroi général, la douzième fée, qui avait encore à prononcer son vœu, s'avança vers le berceau ; elle ne pouvait pas annuler la malédiction, mais elle pouvait en atténuer les effets, aussi prononça-t-elle :

— Ce n'est pas dans la mort que sera plongée la princesse, mais dans un sommeil profond de cent années.

Le roi, qui eût bien voulu préserver son enfant chérie du mauvais sort, fit ordonner que tous les fuseaux soient brûlés dans le royaume tout entier. Les dons des fées se réalisèrent pleinement chez l'enfant qui devint si belle, si vertueuse, si gracieuse et si intelligente que tous ceux qui seulement la voyaient se sentaient obligés de l'aimer.

Le jour de ses quinze ans, il se trouva que le roi et la reine furent absents et que la jeune princesse resta toute seule au château, où elle se mit à errer çà et là, visitant les chambres et les galeries, les salons et les resserres selon sa fantaisie et son humeur. Sa promenade la conduisit finalement dans un très vieux donjon, dont elle gravit marche à marche l'étroit escalier tournant pour arriver devant une petite porte, tout en haut. Il y avait une vieille clé rouillée dans la serrure et, quand elle la fit tourner, la porte s'ouvrit d'un coup, lui découvrant une chambrette où se tenait une vieille femme assise, le fuseau à la main, occupée à filer son lin avec beaucoup d'ardeur.

— Bonjour, petite grand-mère, lui dit la princesse, que fais-tu là ?

— Je file, dit la vieille avec un bref mouvement de tête.

— Et cette chose-là, qui danse si joyeusement, qu'est-ce que c'est ? fit la demoiselle en s'emparant du fuseau pour essayer de filer elle aussi.

Mais elle l'avait à peine touché que l'incantation prenait son plein effet et qu'elle se piquait le doigt. Ce fut à peine si elle sentit la piqûre, car déjà elle tombait sur le lit derrière elle, et s'y trouvait plongée dans le plus grand sommeil.

Ce sommeil profond se répandit sur le château entier, à commencer par le roi et la reine qui venaient de rentrer et se trouvaient encore dans la grand-salle, où ils se mirent à dormir, et avec eux toute la cour. Alors les chevaux s'endormirent dans les écuries, et les chiens dans la cour d'entrée, et le feu lui aussi, qui cessa de flamber dans la cheminée, et qui se fit silencieux et s'endormit ; le rôti sur la broche cessa de grilloter, et le cuisinier qui allait tirer l'oreille du marmiton pour quelque bêtise le laissa et dormit. Même le vent se coucha, et plus la moindre feuille ne bougea sur les arbres tout autour du château.

Mais dans tout le domaine la broussaille épineuse se mit à croître et à grandir, à s'épaissir et à monter année après année, si bien que le château en fut d'abord tout entouré, puis complètement recouvert ; c'était à tel point qu'on ne le voyait plus du tout, non, pas même la bannière sur la plus haute tour. Et peu à peu, dans le pays, circula la légende de la belle Fleur-d'Épine endormie sous les ronces, car tel était le nom qu'on avait donné à la princesse ; et des princes y venaient de temps à autre, qui voulaient se forcer un passage à travers les buissons pour pénétrer dans le château. Mais c'était impossible parce que les buissons d'épines, comme avec des mains, se tenaient fermement ensemble, et les jeunes gens y restaient accrochés ; ils ne pouvaient plus s'en défaire et finissaient par mourir là de la plus misérable des morts.

Après bien des années et encore bien des années, il arriva qu'un fils de roi passa dans le pays et entendit ce que racontait un vieillard sur

ce massif d'épines, et comment il devait y avoir un château par-dessous, dans lequel une princesse d'une beauté merveilleuse, appelée Fleur-d'Épine, dormait depuis cent ans déjà ; et avec elle dormaient aussi le roi, la reine et la cour tout entière. Ce prince avait également entendu raconter par son grand-père que de nombreux fils de rois étaient déjà venus et avaient essayé de passer à travers la broussaille, mais qu'ils en étaient tous restés prisonniers, mourant là d'une affreuse mort.

Le jeune prince n'en déclara pas moins :

— Je n'ai pas peur : je veux y aller et voir la belle princesse Fleur-d'Épine !

Le bon vieillard put bien le lui déconseiller tant qu'il voulut, il n'écouta rien et n'entendit rien de ce qu'on lui disait.

Mais en vérité, les cent années se trouvaient justement révolues et le jour était arrivé où la princesse devait se réveiller. Quand le prince avança vers la haute roncière, il ne trouva plus rien devant lui que de belles et grandes fleurs épanouies, qui s'écartaient d'elles-mêmes pour lui ouvrir le passage, et qui se resserraient derrière lui en refermant leur masse épaisse. Dans la cour du château, il vit les chevaux couchés dans leurs stalles comme au-dehors, les grands chiens de chasse blanc et roux, qui dormaient ; sur le toit il vit des pigeons qui avaient tous la tête sous l'aile. À l'intérieur du château, quand il entra, les mouches dormaient sur le mur ; le cuisinier, dans sa cuisine, avait toujours le bras tendu, comme s'il voulait attraper le petit marmiton, et la servante était assise avec la poule noire qu'elle allait plumer ; il pénétra dans la grand-salle du trône, où il vit toute la cour royale endormie et couchée çà et là ; et plus haut, près du trône, le roi lui-même et la reine étaient allongés. Il s'avança encore et s'en alla plus loin ; tout était si calme et si parfaitement silencieux qu'on s'entendait respirer ; et, pour finir, le prince monta dans le vieux donjon, ouvrit la porte de la chambrette haute où la belle princesse

Fleur-d'Épine dormait. Couchée là, elle était si merveilleusement belle qu'il ne pouvait pas en détourner ses yeux ; il se pencha sur elle et lui donna un baiser.

À la caresse de ce baiser, Fleur-d'Épine ouvrit les yeux. La belle se réveilla tout à fait, regarda le prince d'un regard tendre et amoureux. Alors ils redescendirent ensemble et quand ils furent en bas, le roi se réveilla, puis la reine et toute la cour sortirent de leur sommeil, et tous s'entre-regardaient avec des yeux ronds. Les chevaux dans la cour se relevèrent et s'ébrouèrent ; les chiens de chasse bondirent en frétillant de la queue ; les pigeons sur le toit tirèrent leur tête de sous l'aile, inspectèrent les environs et prirent leur vol ; les mouches recommencèrent à grimper le long des murs, cependant que le feu reprenait dans la cuisine et, flambant clair, remettait la cuisson en train ; le rôti à la broche grésilla de nouveau, et le cuisinier expédia une bonne taloche au marmiton, le faisant criailler, tandis que la servante se remettait à plumer sa volaille.

Alors furent célébrées avec splendeur les noces du prince avec la belle princesse, que la légende et les gens avaient nommée Fleur-d'Épine, et ce fut le bonheur pour eux jusqu'à la fin de leurs jours.

Les trois fileuses

Il était une fois une fille paresseuse et qui ne voulait pas filer ; sa mère avait beau dire et faire ce qu'elle voulait, elle ne parvenait à rien avec elle. À la fin, la mère perdit patience et s'emporta d'une grande colère telle qu'elle battit sa fille ; et la fille poussa des cris et pleura sans retenue. La reine, qui passait justement par là, entendit ces pleurs et ces gémissements ; elle fit arrêter son carrosse, entra dans la maison et demanda à la mère pourquoi sa fille pleurait à en ameuter tout le voisinage. Honteuse d'avoir à révéler la paresse de sa fille, la femme déclara :

— C'est que je n'arrive pas à lui faire lâcher son fuseau ! Elle est là qui file et qui file sans arrêt, et moi, je suis pauvre et je ne puis pas lui fournir le lin.

— Je n'aime rien tant que le bruit du rouet qui tourne, dit la reine, et je me plais à entendre filer. Laissez votre fille venir avec moi au château ; j'ai du lin en quantité et elle pourra filer autant qu'il lui plaira.

La mère en fut bien aise dans son cœur, et la reine emmena la jeune fille. Quand elles furent au château, la reine conduisit la jeune fille à trois chambres qui, du plancher au plafond, étaient pleines du plus beau lin.

— Tout le lin que tu vois là, dit la reine, tu vas me le filer à présent ; et quand tu auras fini, tu auras mon fils aîné comme mari ; si pauvre que tu sois, je n'y prendrai pas garde : ton zèle persévérant te suffira comme dot.

La jeune fille en eut froid dans le dos, car tout le lin qu'il y avait là, jamais elle ne pourrait arriver à le filer, même si elle vivait pendant trois cents ans et travaillait sans s'arrêter du matin au soir sans sauter un seul jour ! Elle n'en laissa rien voir ; mais dès qu'elle fut seule, elle se mit à pleurer et resta trois long jours dans ses larmes, sans seulement bouger le petit doigt. Le troisième jour, la reine reparut et fut très étonnée en voyant que la jeune fille n'avait rien fait du tout ; mais la jeune fille s'excusa en prétendant que son chagrin d'être loin de chez elle et de sa mère l'avait troublée et empêchée de s'y mettre. La reine s'en contenta mais, au moment de s'en aller, lui dit :

— Demain, il faut que tu commences à travailler.

Dès qu'elle fut seule à nouveau, la jeune fille se demanda désespérément comment elle allait se tirer d'affaire et quel moyen elle pourrait utiliser, mais elle ne trouvait rien et, dans son angoisse, elle alla se planter à la fenêtre. Elle vit

alors trois vieilles femmes qui approchaient : la première avec un pied plat, la seconde avec une lèvre qui lui tombait sur le menton, et la troisième avait un pouce comme une palette. Elles s'arrêtèrent sous la fenêtre, regardèrent vers la jeune fille et lui demandèrent ce qu'il lui manquait. Elle se plaignit de son affaire, et les femmes lui proposèrent de venir à son aide en lui disant :

— Pourvu que tu nous invites à ton mariage, que tu n'aies pas honte de nous et que tu nous appelles tes cousines, et aussi que tu nous fasses asseoir à ta table, nous allons te filer ton lin et ce sera vite fait.

— Volontiers et de tout cœur, répondit-elle. Venez et commencez le travail tout de suite.

Elle fit donc entrer les trois étranges femmes et leur aménagea une place libre dans la première pièce, où elles s'installèrent et se mirent aussitôt à filer. La première tirait l'étoupe et faisait tourner le rouet, la seconde mouillait le fil, et la troisième le retordait et l'égalisait avec le pouce sur la table : à chaque coup, c'était un écheveau entier qui tombait sur le sol, et du lin le plus fin filé ! Elle veilla à cacher les trois fileuses à la reine, tout en lui montrant, chaque fois qu'elle venait, la quantité de lin filé ; et la reine ne pouvait pas mettre fin à ses louanges.

La première chambre vidée, ce fut le tour de la seconde, puis de la troisième, qui fut terminée en un rien de temps ; après quoi les trois femmes prirent congé de la jeune fille et lui rappelèrent en s'en allant :

— N'oublie pas ce que tu nous as promis : ce sera ton bonheur.

Quand la jeune fille eut fait voir à la reine les chambres vides et les tas de lin filé, le jour des noces fut arrêté et le fiancé fut enchanté d'avoir une femme aussi active et d'une telle habileté, et il l'en félicita grandement.

— J'ai trois cousines, lui dit la jeune fiancée, et comme je leur dois beaucoup, je ne voudrais pas les oublier dans mon bonheur : puis-je les inviter au mariage, et aurai-je la permission de les faire asseoir à ma table ?

— Pourquoi ne le permettrions-nous pas ? répondirent la reine et son fils aîné.

Lors donc que commença la fête nuptiale, les trois vieilles filles arrivèrent dans le plus bizarre accoutrement et l'épousée les accueillit en disant :

— Soyez les bienvenues, mes chères cousines !

— Oh ! dit le prince à sa jeune femme, comment peux-tu avoir une aussi laide parenté ?

Puis, se tournant vers celle qui avait le pied plat, il lui demanda :

— D'où vous vient un pied aussi large ?

— Le rouet, lui répondit-elle, c'est le rouet.

Il se tourna vers la seconde et demanda :

— D'où vous vient cette lèvre qui pend ?

— Le fil, répondit-elle, c'est de mouiller le fil.

Il demanda à la troisième :

— D'où vous vient ce pouce énorme ?

— De retordre, répondit-elle, c'est de retordre le fil en l'étirant.

Alors le fils aîné du roi en fut tout effrayé et déclara :

— Jamais, au grand jamais, à partir d'aujourd'hui, ma belle épouse ne touchera à un rouet !

Grâce à quoi elle en fut quitte avec l'odieux filage du lin.

Blanche-Neige

Il était une fois, en plein hiver, quand les flocons descendaient du ciel comme des plumes et du duvet, une reine qui était assise et cousait devant une fenêtre qui avait un encadrement de bois d'ébène, noir et profond. Et tandis qu'elle cousait négligemment tout en regardant la belle neige au-dehors, la reine se piqua le doigt avec son aiguille et trois gouttes de sang tombèrent sur la neige. C'était si beau, ce rouge sur la neige, qu'en le voyant la reine songea : « Oh ! si je pouvais avoir un enfant aussi blanc que la neige, aussi vermeil que le sang et aussi noir de cheveux que l'ébène de cette fenêtre ! » Bientôt après, elle eut une petite fille qui était blanche comme la neige, vermeille comme le sang et noire de cheveux comme le bois d'ébène, et Blanche-Neige fut son nom à cause de cela. Mais la reine mourut en la mettant au monde.

Au bout d'un an, le roi prit une autre femme qui était très belle, mais si fière et si orgueilleuse de sa beauté qu'elle ne pouvait supporter qu'une autre la surpassât. Elle possédait un miroir magique avec lequel elle parlait quand elle allait s'y contempler :

Miroir, gentil miroir, dis-moi, dans le royaume
Qui est la femme la plus belle ?

Et le miroir lui répondait :

Vous êtes la plus belle du pays, madame.

Alors la reine était contente, car elle savait que le miroir disait la vérité.

Blanche-Neige cependant grandissait peu à peu et devenait toujours plus belle ; et quand elle eut sept ans, elle était belle comme le jour et bien plus belle que la reine elle-même. Et quand la reine, un jour, questionna son miroir :

Miroir, gentil miroir, dis-moi, dans le royaume
Quelle est de toutes la plus belle ?

Le miroir répondit :

Dame la reine, ici vous êtes la plus belle,
Mais Blanche-Neige l'est mille fois plus que vous.

La reine sursauta et devint jaune, puis verte de jalousie ; à partir de cette heure-là, elle ne put plus voir Blanche-Neige sans que le cœur lui chavirât dans la poitrine tant elle la haïssait. L'orgueil poussa dans son cœur, avec la jalousie, comme pousse la mauvaise herbe, ne lui laissant aucun repos ni de jour, ni de nuit. Elle appela un chasseur et lui dit :

— Tu vas prendre l'enfant et l'emmener au loin dans la forêt : je ne veux plus la voir devant mes yeux. Tu la tueras et tu me rapporteras son foie et ses poumons en témoignage.

Le chasseur obéit et emmena l'enfant ; mais, quand il tira son couteau de chasse pour le plonger dans le cœur innocent de Blanche-Neige, elle se prit à pleurer et lui dit :

— Oh ! laisse-moi la vie sauve, mon bon chasseur : je m'enfuirai à travers bois et ne reparaîtrai jamais !

Elle était si belle que le chasseur s'apitoya et lui dit :

— Sauve-toi, ma pauvre petite !

Il était certain, au-dedans de lui-même, que les bêtes sauvages auraient tôt fait de la dévorer ; mais il n'en avait pas moins le cœur soulagé d'un gros poids en évitant ainsi de la tuer de sa main ; et comme un marcassin passait par là, il l'abattit et le dépouilla, rapportant son foie et ses poumons à la reine en guise de preuve. Il fallut que le cuisinier les mît au sel et les fit cuire, après quoi la mauvaise femme les mangea, croyant se repaître du foie et des poumons de Blanche-Neige.

Dans la vaste forêt, la malheureuse fillette était désespérément seule et tellement apeurée qu'elle regardait, pour ainsi dire, derrière chaque feuille sur les arbres, ne sachant que faire ni que devenir. Elle commença à courir, s'écorchant aux épines et sur les pierres pointues, voyant sauter devant elle les bêtes sauvages qui venaient la frôler, mais qui ne lui faisaient pas de mal. Tant que ses petits pieds voulurent bien la porter, elle courut ainsi droit devant elle, et quand tomba la nuit, n'en pouvant plus, elle eut la chance de voir une toute petite maison où elle entra pour se reposer. Tout était petit dans cette maison en miniature, mais si propre et si charmant que c'est impossible de le dire. Il y avait une petite table qui était déjà mise, avec sa nappe blanche et sept petites assiettes ayant chacune son couvert : le petit couteau, la petite cuillère, la petite fourchette et le petit gobelet. Sept petits lits s'alignaient côte à côte le long du mur, bien faits, et tous avec de beaux draps blancs et frais.

Blanche-Neige avait si grand-faim et si terriblement soif qu'elle prit et mangea un petit peu dans chaque petite assiette, puis but une gorgée de vin dans chaque petit gobelet ; à chaque place aussi, elle avait pris une bouchée de pain. Après, comme elle était fatiguée, elle voulut se coucher, mais aucun des petits lits n'était à sa taille : celui-ci était trop long, celui-là trop court, un autre trop étroit ; bref, elle les essaya tous, et le septième enfin lui alla parfaitement. Elle y resta couchée, fit sa prière et s'endormit.

Les maîtres du petit logis ne rentrèrent chez eux que lorsqu'il faisait déjà nuit noire, et c'étaient les sept nains qui piochent et creusent les montagnes pour trouver les filons de minerai. Ils allumèrent leurs petites bougies et s'aperçurent, avec la lumière, que quelqu'un était entré chez eux, parce que tout n'était pas parfaitement en ordre ni exactement comme ils l'avaient laissé en partant.

— Qui s'est assis sur ma petite chaise ? demanda le premier.

— Qui a mangé dans ma petite assiette ? fit le second.

— Qui a pris un morceau de mon petit pain ? dit le troisième.

— Qui m'a pris un peu de ma petite potée ? s'étonna le quatrième.

— Qui a sali ma petite fourchette ? questionna le cinquième.

— Qui s'est servi de mon petit couteau ? interrogea le sixième.

— Qui a bu dans mon petit gobelet ? s'inquiéta le septième enfin.

Le premier, en regardant un peu partout autour de lui, vit alors qu'il y avait un creux dans son lit et il s'exclama :

— Qui s'est allongé dans mon petit lit ?

Les six autres accoururent et s'écrièrent tous, les uns après les autres :

— Dans mon lit aussi quelqu'un s'est couché !

Tous, sauf le septième, toutefois, qui arriva devant son lit et vit Blanche-Neige qui y était couchée et qui dormait. Il appela les autres qui galopèrent jusque-là et poussèrent des cris de surprise et d'admiration en levant haut leurs petits bougeoirs pour éclairer Blanche-Neige.

— Ô mon Dieu ! Ô mon Dieu ! s'exclamaient-ils tous, la belle enfant ! Comme elle est mignonne ! Comme elle est jolie !

Leur joie était si grande qu'ils ne voulurent pas la réveiller et la laissèrent dormir dans le lit où elle était. Le septième nain s'en alla dormir avec ses compagnons, une heure avec chacun et la nuit fut passée.

Au grand jour, quand Blanche-Neige se réveilla, elle eut grand-peur en voyant les sept nains ; mais ils se montrèrent très amicaux avec elle et lui demandèrent :

— Comment t'appelles-tu ?

— Je m'appelle Blanche-Neige, leur répondit-elle.

— Comment es-tu venue dans notre maison ?

Elle leur raconta que sa marâtre avait voulu la faire mourir, mais que le chasseur lui avait laissé la vie sauve et qu'elle avait couru toute la journée sans s'arrêter, jusqu'au moment où elle avait trouvé leur maisonnette.

— Veux-tu prendre soin de notre ménage ? lui demandèrent les nains. Tu ferais la cuisine, les lits, la lessive, la couture, le tricot, et si tu tiens tout bien propre et bien en ordre, nous pourrions te garder avec nous et tu ne manquerais de rien.

— Oh oui ! de tout mon cœur ! dit Blanche-Neige. (Et elle resta avec eux.)

Elle leur faisait le ménage et leur tenait la petite maison bien propre et bien en ordre, et les nains s'en allaient le matin chercher dans la montagne les minéraux et l'or ; ils ne revenaient qu'à la nuit et il fallait alors que leur repas fût prêt.

Toute la longue journée Blanche-Neige restait seule, et les gentils petits nains l'avertirent prudemment et lui dirent :

— Tiens-toi bien sur tes gardes à cause de ta belle-mère : elle ne tardera pas à savoir que tu es ici. Ne laisse donc entrer personne !

La reine, en effet, quand elle crut avoir mangé le foie et les poumons de Blanche-Neige, ne douta plus dans sa pensée d'être de nouveau la première et la plus belle du royaume. Elle s'en alla devant son miroir et lui parla :

Miroir, gentil miroir, dis-moi, dans le royaume
Quelle est de toutes la plus belle ?

Alors le miroir répondit :

Dame la reine, ici vous êtes la plus belle,
Mais Blanche-Neige sur les monts
Là-bas, chez les sept nains,
est plus belle que vous, et mille fois au moins !

Elle frémit, car elle savait que le miroir ne pouvait pas dire un mensonge, et elle sut ainsi que le chasseur l'avait trompée et que Blanche-Neige vivait toujours. Alors elle se mit à réfléchir et à réfléchir encore au moyen de la supprimer, car si la reine n'était pas la plus belle de tout le pays, la jalousie la dévorait et ne la laissait pas en repos. Et pour finir, elle se barbouilla le visage et se rendit méconnaissable en s'habillant comme une vieille colporteuse. Accoutrée et grimée de la sorte, elle passa les sept montagnes jusque chez les sept nains et frappa à la porte en lançant le cri de la colporteuse : « De beaux articles à vendre ! Rien que du beau, je vends ! »

Blanche-Neige vint regarder à la fenêtre et cria :

— Bonjour, ma bonne dame, qu'est-ce que vous vendez ?

— Du bel article, du bon article, répondit-elle, du lacet de toutes les couleurs !

En même temps elle en tirait un pour le montrer : un beau lacet tressé de soies multicolores.

« Cette brave femme, pensa Blanche-Neige, je peux la laisser entrer ! » Elle déverrouilla et la fit entrer pour lui acheter le beau lacet multicolore qu'elle voulait mettre à son corset.

— Mais mon enfant, de quoi as-tu l'air ? s'exclama la vieille. Viens ici, que je te lace un peu proprement !

Blanche-Neige, sans méfiance, vint se planter devant la vieille et la laissa lui mettre le nouveau lacet ; mais la vieille passa si vite le lacet et le serra si fort que Blanche-Neige ne put plus respirer, suffoqua et tomba comme morte.

— Et voilà pour la plus belle ! ricana la vieille qui sortit précipitamment.

Le soir venu (mais ce n'était pas bien longtemps après), les sept nains rentrèrent à la maison : quel ne fut pas leur effroi en voyant leur chère Blanche-Neige qui gisait sur le sol, inerte et immobile comme si elle était morte ! Ils la redressèrent tout d'abord, et, voyant comme elle était sanglée dans son corset, ils se hâtèrent d'en couper le lacet ; le souffle lui revint petit à petit et elle se ranima peu à peu. Lorsque les nains apprirent ce qui lui était arrivé, ils lui dirent :

— Cette vieille colporteuse n'était nulle autre que la maudite reine. À l'avenir, garde-toi bien et ne laisse entrer nul être vivant quand nous n'y sommes pas !

La méchante femme, de son côté, aussitôt rentrée chez elle, s'en alla devant son miroir et le questionna :

Miroir, gentil miroir, dis-moi, dans le royaume
Quelle est de toutes la plus belle ?

Et le miroir répondit comme devant :

Dame la reine, ici vous êtes la plus belle,
Mais Blanche-Neige sur les monts
Là-bas, chez les sept nains,
Est plus belle que vous, et mille fois au moins !

Son sang s'arrêta quand elle entendit ces paroles qui lui révélaient que Blanche-Neige, une fois encore, avait pu échapper à la mort. « À présent, pensa-t-elle, je vais composer quelque chose à quoi tu n'échapperas pas ! » Recourant alors aux artifices des sorcières qu'elle connaissait bien, elle fabriqua un peigne empoisonné. Ensuite elle se grima et s'habilla en vieille femme, mais avec un autre air que la fois précédente. Ainsi travestie, elle passa les sept montagnes pour aller jusque chez les sept nains, frappa à la porte et cria :

— Beaux articles à vendre ! Beaux articles !

Blanche-Neige regarda dehors et cria :

— Allez-vous-en plus loin ! Je ne dois laisser entrer personne dans la maison !

— Il n'est pas défendu de regarder ! répondit la fausse vieille en tirant le peigne empoisonné pour le lui faire voir à travers la fenêtre.

La petite le trouva si beau qu'elle ne put pas résister et qu'elle ouvrit la porte pour acheter le peigne à cette vieille femme.

— Et à présent laisse-moi faire, lui dit la vieille, je vais te peigner un peu comme il faut !

La pauvre Blanche-Neige, sans réfléchir, laissa faire la vieille, qui lui passa le peigne dans les cheveux ; mais à peine avait-elle commencé que le poison foudroya Blanche-Neige, qui tomba de tout son long et resta là, sans connaissance.

— Et voilà pour toi, merveille de beauté ! ricana la vieille qui s'éloigna bien vite.

Par bonheur, la nuit ne tarda pas à venir et les sept nains à rentrer. En voyant Blanche-Neige étendue sur le sol, ils pensèrent tout de suite à l'affreuse marâtre, cherchèrent ce qu'elle avait bien pu faire et trouvèrent le peigne empoisonné ; dès qu'ils l'eurent ôté de ses cheveux, Blanche-Neige revint à elle et leur raconta ce qu'il lui était arrivé. De nouveau, ils la mirent en garde et lui recommandèrent de ne jamais plus ouvrir la porte à qui que ce soit.

Quant à la reine, aussitôt de retour, elle alla s'asseoir devant son miroir et demanda :

Miroir, gentil miroir, dis-moi, dans le royaume
Quelle est de toutes la plus belle ?

Et le miroir répondit encore comme devant :

Dame la reine, ici vous êtes la plus belle,
Mais Blanche-Neige sur les monts
Là-bas, chez les sept nains,
Est plus belle que vous, et mille fois au moins !

Quand le miroir eut ainsi parlé, la reine trembla de rage et de fureur et s'écria :

— Il faut que Blanche-Neige meure, même si je dois y laisser ma vie !

Alors elle alla s'enfermer dans une chambre secrète où personne n'entrait jamais, et là, elle confectionna un terrible poison avec lequel elle fit une pomme empoisonnée, mais alors empoisonnée ! Extérieurement, elle était très belle, bien blanche avec des joues rouges et si appétissante que nul ne pouvait la voir sans en avoir envie ; mais une seule bouchée, et c'était la mort.

Lorsque ces préparatifs furent achevés avec la pomme, la reine se brunit la figure et se costuma en paysanne, puis se rendit chez les sept nains en passant les sept montagnes. Quand elle eut frappé à la porte, Blanche-Neige passa la tête par la fenêtre et lui dit :

— Je ne peux laisser entrer personne au monde : les sept nains me l'ont défendu.

— Cela m'est égal, dit la paysanne, je saurai bien me débarrasser quand même de mes pommes ; tiens, je vais t'en donner une !

— Non, merci, dit Blanche-Neige. Je ne dois rien accepter non plus.

— Aurais-tu peur du poison ? dit la paysanne. Regarde : je coupe la pomme en deux ; la moitié rouge, c'est pour toi et la blanche, je la mange, moi.

La pomme avait été faite si astucieusement que la moitié rouge était seule empoisonnée. Blanche-Neige avait grande envie de cette belle pomme, et quand elle vit la paysanne croquer à belles dents dans sa moitié de pomme, elle ne put résister et tendit le bras pour prendre l'autre moitié. Mais à peine la première bouchée fut-elle dans sa bouche qu'elle tomba morte sur le plancher. La reine l'examina avec des regards cruels et partit d'un grand éclat de rire, en s'écriant cette fois avec satisfaction :

— Blanche comme neige, rouge comme sang, noire comme le bois d'ébène, ce coup-ci les nains ne pourront plus te ranimer !

Et dès qu'elle fut devant son miroir, elle le questionna :

Miroir, gentil miroir, dis-moi, dans le royaume
Quelle est de toutes la plus belle ?

Alors et enfin, le miroir répondit :

Vous êtes la plus belle du pays, madame !

Et là, son cœur envieux fut apaisé, autant que puisse être apaisé un cœur envieux.

Les nains, quand ils revinrent le soir à la maison, trouvèrent Blanche-Neige étendue sur le plancher ; mais cette fois elle n'avait plus de souffle et elle était vraiment morte. Ils la relevèrent ; ils cherchèrent bien partout s'ils ne trouvaient pas quelque chose d'empoisonné ; ils lui défirent son corset ; ils peignèrent ses cheveux ; ils la lavèrent avec de l'eau, puis avec du vin : mais rien de tout cela n'y fit ; morte elle était, la chère petite, et morte elle resta.

Ils la couchèrent sur une civière, et tous les sept, ils restèrent à côté et la pleurèrent pendant trois jours. Puis ils pensèrent à l'enterrer ; mais elle était encore aussi fraîche que si elle eût été vivante et elle avait encore toutes ses couleurs et ses belles joues rouges.

— Nous ne pouvons pas l'enfouir comme cela dans la terre noire ! dirent-ils.

Alors ils lui firent faire un cercueil de verre afin qu'on pût la voir de tous les côtés, puis ils l'y couchèrent et écrivirent dessus son nom en lettres d'or, en grandes, belles lettres capitales, sous lesquelles ils écrivirent encore qu'elle était une princesse, fille de roi. Ensuite ils portèrent le cercueil au haut de la montagne ; et, depuis ce moment-là, il y eut toujours l'un des sept qui y resta pour la garder. Et les bêtes y venaient aussi et pleuraient Blanche-Neige : d'abord ce fut une chouette, puis un corbeau, et une colombe en dernier.

Longtemps, longtemps Blanche-Neige resta là, dans son cercueil de verre, sans changer du tout ; le temps passa et passa, mais elle était toujours aussi fraîche, aussi blanche que neige, aussi vermeille que le sang, aussi noire de cheveux que l'ébène polie, et elle avait l'air de dormir.

Et puis, un jour, il arriva qu'un prince, qui s'était égaré dans la forêt, passa la nuit dans la maison des nains. Il vit sur la montagne le cercueil dans lequel était exposée Blanche-Neige, qu'il admira beaucoup, et il lut aussi ce qui était écrit dessus en grandes lettres d'or. Alors il dit aux nains :

— Laissez-moi emporter le cercueil : je vous donnerai en échange ce que vous voudrez.

— Pour tout l'or du monde, tu ne pourras nous l'acheter ! répondirent-ils.

— Alors donnez-le-moi, reprit le prince, parce que je ne puis pas vivre sans admirer Blanche-Neige, et je la traiterai et la vénérerai comme ma bien-aimée, comme ce que j'ai de plus cher au monde !

Les bons nains, en entendant ses paroles, s'émurent de compassion pour lui et lui donnèrent le cercueil. Le prince le fit prendre par ses serviteurs, qui le chargèrent sur leurs épaules et l'emportèrent. Mais voilà qu'ils trébuchèrent contre une racine en le portant, et la secousse fit rendre à Blanche-Neige le morceau de pomme qui lui était resté dans le gosier. Ainsi libérée, elle ouvrit les yeux, souleva le couvercle de verre et se redressa, ayant retrouvé la vie.

— Oh ! mon Dieu, mais où suis-je ? s'exclama-t-elle.

— Tu es près de moi ! lui répondit le prince, tout heureux, avant de lui raconter ce qui s'était passé.

Puis il dit :

— Je t'aime et tu m'es plus chère que tout au monde. Viens, accompagne-moi au château de mon père : tu seras mon épouse.

Alors Blanche-Neige s'éprit de lui et elle l'accompagna, et leurs noces furent célébrées dans la magnificence et la somptuosité.

Mais à ce grand mariage princier, la reine terrible, et maudite marâtre de Blanche-Neige, fut invitée aussi ; et quand elle se fut richement habillée et parée, elle alla devant son miroir pour lui poser sa question :

Miroir, gentil miroir, dis-moi, dans le royaume
Qui est la femme la plus belle ?

Et le miroir lui répondit :

Dame la reine, ici vous êtes la plus belle,
Mais la nouvelle reine est mille fois plus belle.

Un juron échappa à l'horrible femme qui fut prise d'effroi, d'un tel effroi qu'elle ne savait plus que devenir. Pour commencer, son idée fut de ne pas aller du tout aux fêtes du mariage ; mais elle ne put y tenir et il fallut qu'elle y allât, dévorée par la jalousie, pour voir cette jeune reine.

Lorsqu'elle fit son entrée, elle reconnut immédiatement Blanche-Neige, et la peur qu'elle en eut la cloua sur place, sa terreur l'empêcha de bouger. Mais on lui avait déjà préparé des souliers de fer qui étaient sur le feu, à rougir : on les lui apporta avec des tenailles et on les mit devant elle, l'obligeant à s'en chausser et à danser, à danser dans ces escarpins de fer rouge jusqu'à sa mort, qui suivit bientôt.

Tom Pouce

Un pauvre paysan était assis, le soir, au coin du feu, avec sa femme qui filait près de lui. Et, tout en attisant le feu, il lui dit :

— Comme c'est triste, femme, que nous n'ayons pas d'enfant, tout est si morne chez nous, alors que chez les autres il y a de la joie et du mouvement !

— Hélas ! soupira la femme, n'en aurions-nous qu'un seul, et ne serait-il même pas plus grand que le pouce, j'en serais toute heureuse et nous l'aimerions de tout notre cœur !

Or, il se fit après cela que la femme tomba malade et mit au monde, après sept mois, un enfant parfaitement formé et bien vivant de tous ses membres, mais qui n'était pas plus grand que le pouce. Non, il n'était pas plus grand.

— Il est ainsi que nous l'avions souhaité, dirent les parents, et il sera notre enfant bien-aimé.

À cause de sa taille, ils l'appelèrent Tom Pouce et lui donnèrent tout ce qu'il fallait, ne le laissèrent manquer de rien ; mais l'enfant n'en demeura pas moins exactement tel qu'il était au jour de sa naissance : il ne grandissait pas. Son œil était brillant, son intelligence vive et ses gestes adroits, si bien que tout ce qu'il faisait, il le réussissait fort bien.

Un jour que le paysan s'apprêtait à sortir pour aller abattre du bois dans la forêt, il soupira :

— Si j'avais au moins quelqu'un pour m'aider et m'amener la charrette !

— Oh ! père, s'écria Tom Pouce, je la conduirais bien, moi, la charrette, si vous le permettiez, et vous l'auriez en temps voulu dans la forêt.

— Mais tu es trop petit, dit le père en riant, comment veux-tu conduire le cheval et tirer sur les rênes ?

— Pas d'importance, père ! Si maman veut bien atteler, je me mettrai, moi, dans l'oreille du cheval et je lui crierai comment il devra marcher.

— Bon, dit le père, pour une fois on peut bien essayer.

La mère attela donc le cheval et mit Tom Pouce dans l'oreille de la bête, où le petit bout d'homme se mit à commander hue et dia, droite et gauche, guidant l'attelage comme s'il avait été un vrai charretier ; et la charrette suivit les bons chemins pour arriver au bon moment et à l'endroit voulu dans la forêt. Comme elle prenait le dernier tournant, et alors que le petit homme, dans l'oreille du cheval, commandait : « Ho ! ho !

là... », deux étrangers qui se trouvaient là restèrent bouche bée en voyant la chose.

— Bon sang ! qu'est-ce que c'est que cela ? s'exclama l'un d'eux. Voilà une charrette qui arrive, on entend la voix du cocher et il n'y a personne !

— Cela ne me paraît pas très normal non plus, dit l'autre ; suivons-la et nous verrons quand elle s'arrêtera.

Ils suivirent la charrette qui quitta le chemin pour s'enfoncer dans le sous-bois et venir s'arrêter exactement à la pile de bois. Tom Pouce, quand il vit son père, lui lança joyeusement :

— Tu vois, père, me voici avec la charrette. Maintenant, mets-moi par terre.

Le père retint son cheval au mors et, de l'autre main, extirpa son poucet de fils de l'oreille de la bête pour le poser à terre, où il alla, tout guilleret, s'asseoir et se reposer sur un brin de paille.

En voyant le minuscule et hardi personnage, les deux inconnus en eurent la parole coupée d'étonnement, puis l'un d'eux tira son compagnon à part et lui dit :

— Écoute, avec ce petit compère notre fortune serait faite, rien qu'à le montrer dans une grande ville contre rétribution. Il nous faut l'acheter.

— Vends-nous le petit bonhomme, vinrent-ils dire au paysan, nous le soignerons bien.

— Non, répondit carrément le père, c'est mon cher petit, et pour tout l'or du monde je ne le céderai pas !

Mais Tom Pouce, en entendant la proposition, s'était empressé de grimper le long des habits de son père, jusqu'à son épaule, où il courut lui chuchoter à l'oreille :

— Père, vous pouvez bien me vendre à eux : je ne serai pas long à revenir.

Sur quoi le père le vendit aux étrangers pour le prix d'une superbe pièce d'or.

— Où veux-tu qu'on te mette ? lui demandèrent-ils au moment de partir.

— Bah ! mettez-moi donc sur le rebord de votre chapeau, leur dit-il. Comme cela, je pourrai me promener tout autour et regarder le paysage.

L'un d'eux le posa donc sur le bord de son chapeau ; et, après qu'il eut fait ses adieux à son père, Tom Pouce s'éloigna avec les deux inconnus qui cheminèrent tout le reste du jour sans s'arrêter une seule fois. Le soir venu, il leur dit :

— Hé ! posez-moi donc un peu par terre, j'en ai besoin.

— Tu es très bien où tu es, répondit l'homme qui le portait. Fais ce que tu as à faire sans te gêner : les oiseaux ne se gênent pas non plus, à l'occasion.

— Mais non, mais non, insista le petit bout d'homme : je sais de quoi je parle et ce qui convient. Dépêchez-vous de me poser par terre.

L'homme enleva son chapeau et déposa Tom Pouce dans l'herbe, sur le bord du talus. Il courut aussitôt jusqu'à un champ tout proche, se faufila prestement parmi les mottes et s'enfila dans un trou de mulot qu'il avait remarqué d'avance.

— Bonsoir, messieurs, leur cria-t-il à l'entrée de son trou. Continuez votre route sans moi !

Et il éclata d'un rire moqueur.

Les deux hommes sautèrent jusque-là et se mirent à fourrager dans le trou avec une baguette ; mais à quoi bon ? C'était peine perdue : le trou n'était pas grand d'orifice, mais il était profond, et Tom Pouce n'avait rien de plus facile que de s'y enfoncer à mesure. Quand l'obscurité fut complète, dehors, il fallut bien que les deux hommes abandonnent leurs recherches. Ils finirent par rentrer chez eux, fort en colère mais bredouilles.

Tom Pouce se sortit de son trou dès qu'il eut constaté qu'ils étaient bien partis. « Trop dangereux de marcher à travers champs en pleine obscurité, se dit-il, on s'y casserait le cou ou une jambe comme rien ! » Par bonheur, il y avait justement là une coquille d'escargot, une coquille vide, et Tom Pouce s'y installa en disant :

— Dieu soit loué, je vais pouvoir passer la nuit tranquille.

Il commençait déjà à somnoler quand il entendit deux individus qui passaient sur le chemin en conversant.

— Que ce curé soit riche, d'accord, disait l'un. Qu'on puisse lui voler beaucoup d'or et d'argent, c'est entendu. Mais comment allons-nous nous y prendre ?

— Je vais vous le dire ! cria Tom Pouce de toutes ses forces.

— Qu'est-ce que c'est ? dit l'un des voleurs, tout effrayé. J'ai entendu parler quelqu'un !

Ils s'immobilisèrent, prêtant l'oreille.

— Emmenez-moi avec vous, je vous aiderai, reprit Tom Pouce.

— Mais où es-tu donc ? demandèrent-ils.

— Vous n'avez qu'à baisser le nez et chercher par terre d'où vient la voix, leur dit-il.

Quand enfin ils le découvrirent, les voleurs l'élevèrent à la hauteur de leur visage et lui dirent :

— Toi, petit diablotin, comment voudrais-tu nous aider ?

— Très facile, leur répondit Tom Pouce : je me glisse entre les barreaux dans la chambre du curé, et, une fois dedans, je vous passe tout ce que vous voulez.

— Allons-y, décidèrent-ils, nous verrons ce que tu es capable de faire.

Lorsqu'ils furent au presbytère, Tom Pouce se coula à l'intérieur et, une fois dans la chambre, cria de toute la force de ses poumons :

— Est-ce que vous voulez tout ce qu'il y a ici ?

Les voleurs, effrayés, le supplièrent bien vite de parler plus bas pour ne pas réveiller tout le monde. Mais Tom Pouce fit comme s'il n'avait rien entendu et leur cria de plus belle :

— Allons ! Décidez-vous et dites-moi ce que je dois vous faire passer. Est-ce que vous voulez tout ce qu'il y a ici ?

Au bruit, la cuisinière, qui dormait dans la chambre voisine, sursauta dans son lit et prêta l'oreille. Les voleurs s'étaient sauvés un peu plus loin dans leur effroi, mais reprenant courage en voyant que rien ne bougeait, ils se rapprochèrent de nouveau en se disant que le minuscule bonhomme n'avait voulu que s'amuser un peu à leur faire peur.

— Assez plaisanté, lui chuchotèrent-ils. À présent, passe-nous quelque chose et ne fais pas de bruit.

De toute la force de sa voix, il leur cria en réponse :

— Tendez seulement vos mains, je vais tout vous passer, tout !

Cette fois, la servante, qui écoutait, entendit nettement la voix et ce qu'elle disait ; elle sauta vivement à bas de son lit et courut à la porte. Les deux voleurs prirent la fuite à toutes jambes, courant plus vite encore que s'ils avaient eu le diable à leurs trousses. La servante, qui n'avait rien pu voir, alla dans la cuisine pour s'allumer une chandelle ; et quand elle revint, Tom Pouce s'était caché dans le foin. Elle regarda et chercha, mais ne vit rien d'anormal et finit par penser qu'elle avait dû rêver. Et elle retourna se mettre au lit.

Tom Pouce, dans le foin blotti, s'était trouvé un fameux petit nid pour dormir, et ne songeait plus qu'à s'y bien reposer jusqu'au jour pour s'en retourner enfin près de ses parents. Mais les choses ne vont pas toujours comme on veut, ça non ! Et ce monde est toujours plein d'embûches et de tribulations ! Le jour blanchissait à peine quand la servante se leva, et son premier travail fut d'aller nourrir les bêtes ; elle sauta donc du lit pour aller directement à la grange prendre une bonne brassée de foin : et le foin qu'elle emporta était précisément celui dans lequel le malheureux Tom Pouce s'était fait sa litière, où il dormait du plus profond sommeil. Il dormait même si bien qu'il ne s'aperçut de rien et ne se réveilla que sur la langue et entre les dents d'une vache, qui l'avait attrapé en même temps que son foin.

— Mon Dieu ! s'écria-t-il, me voilà au foulon[1] !

Mais il ne lui fallut pas longtemps pour comprendre où il se trouvait, et son premier souci fut d'éviter de se laisser broyer entre les dents de la vache ; après quoi, il lui fallut glisser au fond de la gorge et dans la panse de l'animal. « Le local manque de fenêtres, se dit-il, et le soleil n'y brille pas, mais on a aussi oublié la chandelle. » De toute manière, le séjour ne lui plaisait pas du tout. Mais le pire, c'était encore qu'il descendait toujours de nouvelles quantités de foin chez lui, et que sa place se réduisait à mesure.

— Arrêtez ! cria-t-il, n'envoyez plus de foin ! Ne m'envoyez plus de fourrage ! Ne m'en envoyez plus !

La servante, qui était en train de traire la vache, entendit cette voix sans voir personne, et comme cette voix ressemblait tout à fait à celle qu'elle avait entendue pendant la nuit, elle eut

1. Foulon ou moulin à foulon : machine servant à presser des tissus.

une telle frayeur et sursauta si violemment, qu'elle tomba de son tabouret à la renverse et répandit tout le lait par terre. Se relevant précipitamment, elle courut chez son maître et lui cria, tout essoufflée :

— Oh ! mon Dieu ! Oh ! mon Dieu ! Monsieur le curé, il y a la vache qui a parlé !

— Tu es folle, dit le prêtre, qui pourtant se rendit lui-même à l'étable pour se rendre compte de ce qu'il s'y passait.

Or, il y avait à peine mis le pied que Tom Pouce, de nouveau, criait à pleins poumons :

— Ne m'envoyez plus de foin ! Ne m'envoyez plus de fourrage !

Le curé prit peur à son tour et, pensant que c'était un méchant esprit qui avait pris possession de la vache, il ordonna qu'on l'abattît.

Ils l'égorgèrent donc, et la panse où se trouvait Tom Pouce fut jetée avec les déchets sur le fumier. Le petit bonhomme eut le plus grand mal à s'en dépêtrer, mais il finit par y parvenir et, juste comme il sortait la tête, voilà qu'un nouveau malheur tomba sur lui : un loup affamé survint, attiré par l'odeur, qui avala gloutonnement la panse avec son contenu. Indemne, mais englouti, le fier petit bonhomme ne perdit pas courage et se dit qu'il arriverait peut-être à s'entendre avec le loup.

— Cher loup, lui dit-il, je connais pour toi un magnifique festin.

— Ah ! répondit le loup, et où cela ?

— Dans cette maison, expliqua Tom Pouce en indiquant précisément la maison de son père : il te sera facile de t'y glisser la nuit par l'égout de la cuisine, et tu y trouveras à manger tant que tu en voudras : du lard et des saucisses et du gâteau, en veux-tu en voilà.

Le loup ne se le fit pas répéter, courut tout droit à la maison en question et s'y introduisit, la nuit, par le gros tuyau d'égout, qui semblait fait sur mesure pour lui. Une fois parvenu au garde-manger, il s'en donna à ventre que veux-tu. Quand enfin sa voracité fut satisfaite, il voulut repartir par le même chemin ; mais il s'était si bien rempli la panse qu'il ne put jamais repasser par le même trou, devenu trop étroit. Il était prisonnier ; et c'était bien ce qu'avait escompté Tom Pouce, qui se mit alors à crier de toute la force de sa voix en menant, dans le ventre du loup, une danse et un chahut frénétiques.

— Vas-tu te tenir tranquille ? lui souffla le loup. Tu vas réveiller tout le monde ici !

— Dis donc ! lui répondit-il, tu t'es bien régalé, toi ! Moi, je peux bien m'amuser un peu aussi !

Sur quoi il se remit de plus belle à faire du vacarme, tant et si bien que son père et sa mère, réveillés, coururent jusqu'à la cuisine et regardèrent par le trou de la serrure. Voyant que c'était le loup, ils revinrent en hâte chercher des armes, et l'homme prit une hache tandis que la femme prenait une faux.

— Garde la porte, dit le mari à sa femme en pénétrant dans la cuisine : je vais lui asséner un bon coup de hache, et s'il ne meurt pas du coup, tu n'auras qu'à l'achever en lui ouvrant le ventre.

En entendant la voix de son père, Tom Pouce lui cria :

— Père, cher père, c'est moi ! Je suis dans le ventre du loup.

— Dieu soit béni ! s'exclama le père, tout heureux, notre cher petit est enfin retrouvé !

Il dit à sa femme de ranger sa faux qui pourrait blesser Tom Pouce, puis il s'avança en levant sa hache qu'il abattit sur la tête du loup, le tuant net du premier coup. Avec un grand couteau d'abord et des ciseaux ensuite, il ouvrit le ventre du loup précautionneusement et en extirpa le petit.

— Ah ! lui dit-il en le voyant, ce que nous avons pu être inquiets à ton sujet !

— Eh oui, père, dit Tom Pouce, j'ai pas mal voyagé de par le monde, mais Dieu merci, je respire le bon air de nouveau !

— Mais où donc es-tu allé ?

— Oh ! père, j'ai été dans un trou de souris, dans la panse d'une vache et dans le ventre du loup, mais à présent je reste avec vous.

— Et nous, pour tout l'or du monde, nous ne te vendrons jamais plus ! s'exclamèrent ses parents en l'embrassant et le serrant sur leur cœur.

Ils lui donnèrent à manger et à boire, et ils l'habillèrent de neuf, parce que son voyage lui avait usé et gâté son costume.

Cendrillon

Il y avait un homme riche dont la femme était tombée malade ; et quand elle se sentit approcher de sa fin, elle appela à son chevet son unique fillette et lui dit :

— Mon enfant chérie, reste toujours pieuse et bonne, et tu pourras compter sur l'aide du bon Dieu ; et moi, du haut du ciel, je te regarderai et te protégerai.

Après ces paroles, elle ferma les yeux et mourut. Chaque jour, désormais, la fillette se rendit sur la tombe de sa mère, et chaque jour elle pleurait, s'appliquant à rester pieuse et bonne. Quand l'hiver vint, il mit un blanc manteau de neige sur la tombe ; et quand le soleil du printemps l'eut enlevé, le père prit une seconde femme.

Cette femme avait amené dans la maison ses deux filles, qui étaient jolies et blanches de visage, mais vilaines et noires de cœur. Et pour la pauvre enfant du premier lit, ce fut une période affreuse qui commença.

— Cette dinde idiote, est-ce qu'elle va rester avec nous ? dirent-elles. Elle n'a pas sa place au salon ! Il faut gagner son pain quand on veut le manger. Allez, ouste ! Hors d'ici, la fille de cuisine !

Elles lui ôtèrent ses beaux vêtements, lui mirent un vieux tablier gris et la chaussèrent de sabots de bois, puis se moquèrent d'elle en la poussant dans la cuisine.

— Oh ! la fière princesse, qu'elle est bien attifée, voyez-moi ça !

Alors elle dut travailler dur du matin jusqu'au soir, se lever tôt, tirer de l'eau, allumer le feu, faire la cuisine et la vaisselle, la lessive et tous les gros travaux. Les deux sœurs, au surplus, n'arrêtaient pas de lui faire toutes les misères possibles et imaginables, riaient d'elle à tout propos, lui jetaient les pois ou les lentilles dans la cendre pour qu'elle eût à rester là encore à les trier une fois de plus. Le soir, quand elle était exténuée de sa journée, elle n'avait pas de lit pour se coucher, mais devait s'étendre par terre, sur la pierre du foyer, dans les cendres ; et comme elle en était toujours souillée et salie, les sœurs l'appelaient Cendrillon[1].

Un jour que le père devait se rendre à la foire, il demanda à ses deux belles-filles ce qu'elles voulaient qu'il leur en rapportât.

---

1. On ne sait généralement plus aujourd'hui que c'était le nom d'un chaudron qui restait dans l'âtre.

— De belles robes ! dit l'une.

— Des perles et des joyaux ! dit l'autre.

— Et toi, Cendrillon, qu'aimerais-tu ? demanda-t-il à sa fille.

— La première branche qui cinglera votre chapeau en cours de route, père, coupez-la pour moi, répondit-elle.

Il acheta donc pour ses deux belles-filles de jolies toilettes, des perles et des pierres précieuses ; et il s'en revenait, quand, en passant à cheval dans un bosquet, une branche de noisetier lui cingla le chapeau et le lui fit tomber à terre. Il coupa le rameau et l'emporta. Arrivé à la maison, il donna aux deux sœurs ce qu'elles avaient voulu, et à Cendrillon le rameau de noisetier. Cendrillon l'en remercia et s'en alla planter la petite branche sur la tombe de sa mère ; elle pleurait si fort que ses larmes mouillèrent et arrosèrent le rameau, qui prit racine, poussa et devint un fort bel arbre. Cendrillon s'y rendait chaque jour trois fois, pleurant et priant sous le bel arbre, et toujours un petit oiseau blanc venait s'y poser ; et si elle formulait un souhait, le petit oiseau de l'arbre lui jetait aussitôt ce qu'elle avait souhaité.

Il advint, une fois, que le roi donna une grande fête de trois jours, à laquelle étaient invitées toutes les jolies filles du pays, afin que son fils pût se choisir une fiancée. Quand les deux sœurs apprirent qu'elles étaient invitées aussi, elles furent tout excitées et appelèrent Cendrillon aussitôt.

— Coiffe-nous, lui dirent-elles, fais briller nos chaussures et serre-nous bien dans nos ceintures : nous allons pour le mariage au palais du roi.

Cendrillon obéit, mais en pleurant tant elle eût aimé les accompagner au bal ; aussi alla-t-elle en demander la permission à sa belle-mère.

— Toi, Cendrillon ? fit la belle-mère. Sale et dégoûtante comme tu l'es, tu voudrais être de la noce ? Tu n'as ni robe ni souliers, et tu voudrais aller danser ?

Mais comme elle ne se laissait pas décourager et continuait de la supplier, la belle-mère finit par lui dire, pour avoir la paix :

— Bon, tu pourras venir si, en deux heures de temps, tu réussis à ramasser et à trier le pot de lentilles que je vais renverser dans les cendres.

Le pot versé, Cendrillon gagna le jardin par la porte de derrière et appela :

— Gentils pigeons, mignonnes tourterelles, et vous tous, les petits oiseaux de sous le ciel, venez vite à mon aide et trions comme il faut :

Les bonnes dans le petit pot,
Les autres dans votre jabot.

Deux blancs pigeons entrèrent d'abord par la fenêtre de la cuisine, puis vinrent les tourterelles et enfin tous les petits oiseaux du ciel, en rangs pressés, battant des ailes, pour se poser tout partout sur les cendres. Les pigeons penchèrent un peu la tête et commencèrent à – pic, pic, pic – piqueter les lentilles, et les autres se mirent aussi à – pic, pic, pic – piqueter les lentilles pour les tirer de la cendre et les rassembler dans le pot. Il ne s'était pas passé une heure que déjà tout était fini et que tous les oiseaux s'étaient envolés de nouveau. Toute heureuse, Cendrillon s'empressa d'aller porter le pot à sa marâtre, croyant qu'elle allait, elle aussi, se rendre avec les autres à la fête du roi.

— Non, Cendrillon, dit celle-ci. Tu n'as pas de robe à te mettre et tu ne sais pas danser. Tout le monde se moquerait de toi.

Mais pour qu'elle cessât de pleurer, la marâtre lui promit :

— Si tu me tries deux pleins pots de lentilles dans la cendre en une heure de temps, alors tu pourras venir.

Car en elle-même, elle se disait : « Cela, jamais elle n'arrivera à le faire ! »

Dès qu'elle eut éparpillé les deux pots de lentilles dans la cendre, Cendrillon courut au jardin par la porte de derrière et appela :

— Gentils pigeons, mignonnes tourterelles, et vous tous, les petits oiseaux de sous le ciel, venez vite à mon aide et trions comme il faut :

Les bonnes dans le petit pot,
Les autres dans votre jabot.

Deux blancs pigeons entrèrent d'abord par la fenêtre de la cuisine, puis vinrent les tourterelles et enfin tous les petits oiseaux du ciel, en rangs serrés, battant des ailes, pour se poser tout partout sur les cendres. Les pigeons penchèrent un peu la tête et commencèrent à – pic, pic, pic – piqueter les lentilles, et les autres se mirent aussi à – pic, pic, pic – piqueter les lentilles pour les tirer de la cendre et les ramasser dans les pots. Il ne s'était pas passé une demi-heure que tout était fini et que tous les oiseaux s'envolèrent de nouveau. Joyeuse, Cendrillon s'empressa d'aller porter les pots à sa marâtre, croyant aller avec les autres à la fête du roi.

— Tout cela ne sert à rien, dit celle-ci : tu n'as pas de robe à te mettre et tu ne sais pas danser ; tu ne peux donc pas venir avec nous. Tu nous ferais honte.

Elle lui tourna le dos et gagna la porte avec ses deux filles, orgueilleuses et altières.

Lorsqu'il n'y eut plus personne à la maison, Cendrillon alla sur la tombe de sa mère, se mit sous le noisetier et dit :

Arbre gentil, agite-toi bien fort
Pour me couvrir d'argent et d'or.

Alors l'oiseau lui fit descendre une robe d'argent et d'or ainsi que des pantoufle brodées de soie et d'argent. Elle se hâta de revêtir la robe et alla à la fête des noces. Ni sa belle-mère ni ses demi-sœurs ne la reconnurent, pensant plutôt que ce devait être là quelque fille de roi étrangère au pays, tant elle était belle dans sa robe d'or. Elles ne songeaient pas le moins du monde à Cendrillon, qu'elles croyaient toujours à la maison, en train de fouiller dans les cendres pour en trier les lentilles. Le fils du roi vint à sa rencontre, la prit par la main et dansa avec elle. Il ne voulut même danser avec nulle autre, et c'est pourquoi il ne lui lâchait pas la main ; et si quelque autre cavalier venait pour l'inviter à son tour, le prince lui disait :

— C'est ma cavalière.

Jusqu'au soir, elle dansa, puis elle voulut rentrer chez elle, mais le prince lui dit qu'il irait avec elle et l'accompagnerait, tant il était curieux de voir de quelle famille venait cette jolie jeune fille. Il l'accompagna, en effet, mais, au dernier moment, elle lui échappa et sauta dans le pigeonnier. Le prince attendit que revînt le père et lui dit que la jeune inconnue avait sauté dans le pigeonnier. « Serait-ce Cendrillon ? » se demanda le père, qui réclama une hache et une pioche pour ouvrir en deux le pigeonnier. Mais il n'y avait personne à l'intérieur ; et quand ils entrèrent dans la maison, Cendrillon, dans son costume misérable et souillé, était couchée sur la cendre, avec une méchante veilleuse à huile qui clignotait dans la cheminée. Elle avait, en effet, bien vite sauté du pigeonnier par-derrière et couru jusqu'au noisetier, où elle avait quitté sa robe magnifique pour la déposer sur la tombe, et le petit oiseau l'avait remportée tandis qu'elle retrouvait la cuisine et son vieux tablier gris pour se coucher sur la cendre, dans l'âtre.

Le lendemain, comme recommençait la fête, dès que ses parents et les deux sœurs altières eurent quitté la maison, Cendrillon courut au noisetier et dit :

Arbre gentil, agite-toi bien fort
Pour me couvrir d'argent et d'or.

Alors l'oiseau lui fit descendre une robe encore beaucoup plus splendide et magnifique que celle de la veille. Et quand elle apparut à la fête ainsi parée, tout le monde s'étonna et s'émerveilla de sa beauté. Le fils du roi, qui avait attendu sa venue, la prit aussitôt par la main et ne dansa qu'avec elle. Et si quelque autre cavalier venait pour l'inviter, il lui disait :

— C'est ma danseuse.

Quand elle voulut rentrer, le soir venu, le prince l'accompagna, car il voulait voir dans quelle maison elle entrait. Mais elle lui échappa et sauta dans le jardin derrière la maison. Il y avait là un grand bel arbre tout chargé de magnifiques poires, et elle grimpa si prestement entre ses branches, vive comme un écureuil, que le prince ne sut pas où elle avait bien pu passer. Mais il attendit que revînt le père et lui dit que la jolie inconnue avait disparu, mais qu'il croyait qu'elle s'était cachée dans le grand poirier. Le père se dit en lui-même : « Serait-ce Cendrillon ? » et se fit apporter une hache, entama l'arbre tout autour et l'abattit, mais il n'y avait personne dedans. Et quand ils entrèrent dans la cuisine, Cendrillon était là, couchée dans la cendre comme toujours. Elle avait sauté de l'arbre par-derrière, en effet, et rapporté vite, vite, sa robe magnifique au petit oiseau du noisetier pour reprendre son vieux tablier gris.

Le troisième jour, quand ses parents et les sœurs furent partis, Cendrillon retourna sur la tombe de sa mère et dit au noisetier :

Arbre gentil, agite-toi bien fort
Pour me couvrir d'argent et d'or.

Et la robe que l'oiseau lui fit descendre, cette fois, était si merveilleuse et d'une telle magnificence que jamais elle n'avait rien vu qui lui ressemblât ; et les escarpins n'étaient faits que d'or. Parée de la sorte, elle fit son entrée à la fête et tout le monde béa d'admiration, ne sachant plus que dire. Le fils du roi ne dansa qu'avec elle, et si quelqu'un d'autre venait pour l'inviter, il disait :

— C'est ma cavalière.

Le soir venu, Cendrillon voulut s'en aller et le prince voulut l'accompagner, mais elle s'esquiva si lestement qu'il ne put la suivre. Seulement le prince avait recouru à la ruse et fait enduire de poix toutes les marches du perron, et tandis qu'elle dégringolait l'escalier en volant presque, sa pantoufle gauche y resta collée. Le fils du roi prit cet escarpin, qui était minuscule, délicat, et entièrement fait d'or.

Le lendemain matin, le prince alla trouver le père et lui dit :

— Je ne veux point d'autre épouse que celle à qui cette chaussure d'or ira.

Ce fut une grande joie pour les deux sœurs, car elles avaient un joli pied. L'aînée alla dans sa chambre avec l'escarpin, qu'elle voulait chausser. Sa mère était présente. Mais le soulier était trop petit et le pouce n'y pouvait entrer. La mère s'empressa de lui tendre un couteau :

— Coupe-le, lui dit-elle. Quand tu seras reine, tu n'auras plus besoin de marcher.

La jeune fille se coupa l'orteil et enfila son pied dans la chaussure, quelque vive que fût la

douleur, puis sortit retrouver le prince. Il la prit sur son cheval et partit avec elle comme sa fiancée, mais ils devaient passer non loin de la tombe, où deux colombes, perchées sur le noisetier, se mirent à glousser bien fort :

Roucou-oucou, roucou-oucou
Dans la pantoufle le sang coule :
L'escarpin était trop petit,
La fiancée est au logis.

Jetant un coup d'œil au pied chaussé, le prince vit que le sang en ruisselait. Il fit faire demi-tour à son cheval et ramena la fausse fiancée à sa maison, disant que ce n'était pas elle qu'il devait épouser, et que l'autre sœur devait essayer l'escarpin. La seconde sœur alla dans sa chambre avec l'escarpin et réussit très bien à y enfiler ses orteils, mais ce fut le talon qui refusa d'entrer. Oui, le talon était trop gros. Alors la mère lui tendit le couteau et lui dit :

— Coupe un bout du talon : quand tu seras reine, tu n'auras plus besoin de marcher.

La jeune fille s'enleva un morceau du talon et força son pied dans la chaussure, quelque vive que fût la douleur, puis sortit retrouver le prince. Il la prit sur son cheval et partit avec elle comme sa fiancée. Mais quand ils furent non loin du noisetier, les deux colombes roucoulèrent de plus belle :

Roucou-oucou, roucou-oucou
Dans la pantoufle le sang coule :
L'escarpin était trop petit,
La fiancée est au logis.

De nouveau, le prince jeta un coup d'œil sur le pied chaussé, vit que le sang coulait, coulait si fort que le bas blanc était tout rougi. Alors il tourna bride et ramena la fausse fiancée à sa maison.

— Ce n'est pas celle-là non plus que je dois épouser, dit-il. N'avez-vous pas d'autre fille ?

— Non, dit le père, il n'y a plus ici que cette pauvre souillon de Cendrillon, la fille de ma première femme, qui est là-bas, dans la cuisine ; mais celle-là ne saurait être la fiancée, c'est impossible !

Le fils du roi déclara néanmoins qu'il fallait l'envoyer chercher, mais la mère s'interposa.

— Non, non, elle n'est pas présentable : elle est beaucoup trop sale pour se laisser voir !

Le prince insista : il y tenait absolument, et il fallut qu'on allât la chercher. Cendrillon voulut d'abord se laver les mains et le visage, puis elle vint s'incliner devant le fils du roi, qui lui tendit l'escarpin d'or. Ensuite elle s'assit sur un escabeau, sortit son pied du pesant sabot de bois et le chaussa de la pantoufle, qui le moulait parfaitement. Quand elle se releva, en voyant son visage, le prince la reconnut et s'exclama :

— C'est elle, la véritable fiancée !

La belle-mère et les deux demi-sœurs en pâlirent de rage, mais le prince prit Cendrillon sur son cheval et partit avec elle. Et quand ils passèrent non loin du noisetier, les deux colombes blanches roucoulèrent doucement, quoique assez haut pour se faire entendre :

Roucou-oucou, roucou-oucou
La pantoufle n'a rien du tout :
Sa fiancée est avec lui.
L'escarpin n'est pas trop petit.

Puis les colombes quittèrent l'arbre et vinrent se poser gracieusement sur les épaules de Cendrillon, une à droite et l'autre à gauche, et elles restèrent là.

Le jour des noces de Cendrillon avec le fils du roi, à l'heure de la cérémonie, arrivèrent les deux sœurs pour l'accabler de flatteries et de doux compliments, car elles voulaient s'insinuer dans ses bonnes grâces et avoir part à son bonheur. Le cortège gagnait l'église derrière les fiancés, et la sœur aînée marchait à droite de Cendrillon, la cadette à sa gauche ; alors la colombe de droite et la colombe de gauche leur piquèrent à chacune un œil. À la sortie de l'église, par contre, l'aînée marchait à gauche de Cendrillon et la cadette à droite ; alors les deux colombes leur piquèrent à chacune l'autre œil. Et c'est ainsi que, par la cécité jusqu'à leur dernier jour, elles ont été punies de leur méchanceté et de leur fausseté.

Les sept corbeaux

Un homme avait sept garçons et toujours pas de fille, bien qu'il en désirât une de plus en plus ; enfin sa femme attendit un nouvel enfant, et quand l'enfant naquit, ce fut une fille. Grande fut leur joie à tous deux ; mais l'enfant, malheureusement, était si fluette et si faible qu'il fallut recourir au baptême d'urgence. Le père envoya en toute hâte l'un des garçons à la source chercher l'eau pour l'ondoiement ; les six autres y coururent avec lui, et tandis qu'ils se disputaient à qui remplirait la cruche, elle leur échappa et tomba au fond. Ils restèrent là, atterrés et ne sachant que faire, n'osant en tout cas pas rentrer. Ne les voyant toujours pas revenir, le père, irrité et impatient, s'écria :

— Ils sont sûrement en train de s'amuser et ils en oublient la malheureuse petite !

Il avait tellement peur que le bébé mourût avant d'être ondoyé, qu'il s'emporta et dit :

— Je voudrais les voir tous transformés en corbeaux !

À peine l'eut-il dit qu'il entendit au-dessus de sa tête un froissement d'ailes dans l'air et qu'il vit, en levant les yeux, sept corbeaux d'un noir brillant qui s'éloignaient à tire-d'aile.

Il était trop tard pour que les parents pussent revenir sur la malédiction ; mais s'ils se désolèrent de la perte de leurs sept garçons, ils se consolèrent néanmoins un peu en voyant que leur petite fille, non seulement avait échappé à la mort, mais prenait chaque jour de nouvelles forces et gagnait en beauté de jour en jour. Elle ignora pendant des années qu'elle avait eu des frères, car les parents lui avaient soigneusement caché la chose ; mais il advint un jour, tout à fait par hasard, qu'elle entendit des gens parler d'elle et dire qu'elle était bien jolie, vraiment bien jolie, et que c'était vraiment dommage qu'elle eût fait le malheur de ses sept frères. Bouleversée, elle courut interroger son père et sa mère pour savoir si elle avait eu des frères et apprendre ce qu'ils étaient devenus. Ne pouvant garder plus longtemps le secret, les parents lui assurèrent que c'était là la volonté du ciel, et que ce n'était pas de sa faute à elle si sa naissance avait occasionné le cruel événement.

Néanmoins, la fillette s'en fit grief dans son cœur et se tint pour personnellement responsable : chaque jour elle s'accusait de la chose en croyant de plus en plus fermement que c'était son devoir de libérer ses frères de la malédiction. Elle n'eut ni trêve ni repos jusqu'au jour où elle s'en alla en cachette de chez ses parents pour parcourir le vaste monde à la recherche de ses frères afin de les libérer, où qu'ils fussent et quel qu'en fût le prix. Elle ne prit avec elle qu'une petite bague en souvenir de ses parents, une miche de pain contre la faim, une cruche d'eau contre la soif, et un petit tabouret contre la fatigue.

Ainsi elle s'en alla au loin, toujours plus loin jusqu'au bout du monde. Quand elle approcha du soleil, comme sa chaleur était trop forte, comme il était trop effrayant et dévorait les petits enfants, elle s'éloigna bien vite et courut vers la lune ; mais elle était bien trop froide, sinistre et méchante, car dès que la petite approcha, la lune dit :

— Ça sent... ça sent l'odeur de chair humaine !

Aussi l'enfant s'éloigna-t-elle bien vite, courant alors vers les étoiles qui se montrèrent amicales et bonnes pour elle, et qui étaient toutes assises sur leur petite chaise particulière. Alors l'étoile du matin se leva pour lui donner un petit osselet.

— Si tu n'as pas le petit osselet, lui dit-elle, tu ne pourras pas ouvrir la montagne de Verre ; et c'est dans la montagne de Verre que sont tes frères.

La petite serra l'osselet précieusement dans son mouchoir qu'elle noua par-dessus et s'en alla, marchant sans cesse jusqu'à ce qu'elle fût arrivée à la montagne de Verre. La porte était fermée, et quand elle dénoua son mouchoir, il n'y avait plus rien dedans : elle avait perdu le précieux cadeau des étoiles ! Que pouvait-elle faire à présent ? Ses frères, elle voulait les sauver ; mais la clef de la montagne de Verre, elle ne l'avait plus ! En bonne petite sœur qu'elle était, elle prit un couteau et se coupa le petit doigt de sa menotte, le poussa dans le trou de la serrure et réussit à ouvrir la porte. Une fois qu'elle fut entrée, un petit nain vint à sa rencontre et lui demanda :

— Que cherches-tu, mon enfant ?

— Je cherche mes frères, répondit-elle, les sept corbeaux.

— Messieurs les corbeaux ne sont pas à la maison, dit le nain, mais si tu veux attendre jusqu'à ce qu'ils reviennent, tu n'as qu'à entrer.

Pendant qu'elle attendait, le petit nain servit le repas des corbeaux dans sept petites assiettes et sept petits gobelets ; alors la petite sœur mangea un petit quelque chose dans chacune des sept petites assiettes et but une toute petite gorgée dans chacun des sept gobelets, laissant tomber dans le septième la bague qu'elle avait emportée avec elle.

Tout à coup, on entendit dans l'air un grand bruit d'ailes et des croassements.

— Voilà messieurs les corbeaux qui rentrent, dit le nain.

C'étaient eux, en effet, et quand ils furent là, ils voulurent manger et boire, cherchant chacun son assiette et son gobelet. Mais l'un après l'autre, ils dirent :

— Qui a mangé dans ma petite assiette ? Et qui a bu dans mon petit gobelet ? Il y a des lèvres humaines par ici !

Et comme le septième finissait son gobelet, la petite bague tomba devant lui. Il regarda ce que c'était et reconnut en elle une bague de ses parents, sur quoi il s'exclama :

— Plût à Dieu que notre petite sœur fût là, nous serions délivrés !

En entendant ce souhait derrière la porte où elle se tenait cachée, la fillette sortit et s'avança vers ses frères, qui retrouvèrent instantanément leur forme humaine et vinrent l'embrasser et la serrer sur leur cœur. Puis ils rentrèrent tous ensemble, joyeusement, à la maison.

Le Petit Chaperon rouge

Il était une fois une adorable petite fille que tout le monde aimait rien qu'à la voir, et, plus que tous, sa grand-mère, qui ne savait que faire ni que donner comme cadeaux à l'enfant. Une fois, elle lui donna un petit chaperon de velours rouge et la fillette le trouva si joli, il lui allait tellement bien, qu'elle ne voulut plus porter autre chose et qu'on ne l'appela plus que le Petit Chaperon rouge.

Un jour, sa mère lui dit :

— Tiens, Petit Chaperon rouge, voici un morceau de galette et une bouteille de vin : tu iras les porter à ta grand-mère ; elle est malade et affaiblie, et elle va bien se régaler. Vas-y tout de suite, avant qu'il fasse trop chaud ; sois bien sage en chemin et ne saute pas à droite ou à gauche pour aller tomber et me casser la bouteille de grand-mère, qui n'aurait plus rien. Et puis, dis bien bonjour en entrant et ne regarde pas d'abord dans tous les coins !

— Je serai sage et je ferai tout pour le mieux, promit le Petit Chaperon rouge à sa mère, avant de lui dire au revoir et de partir.

Mais la grand-mère habitait à une bonne demi-heure du village, tout là-bas, dans la forêt ; et lorsque le Petit Chaperon rouge entra dans la forêt, ce fut pour rencontrer le loup. Mais elle ne savait pas que c'était une si méchante bête et elle n'avait pas peur.

— Bonjour, Petit Chaperon rouge, dit le loup.

— Merci à toi et bonjour aussi, loup.

— Où vas-tu de si bonne heure, Petit Chaperon rouge ?

— Chez grand-mère.

— Que portes-tu sous ton tablier, dis-moi ?

— De la galette et du vin, dit le Petit Chaperon rouge. Nous l'avons cuite hier et je vais en porter à grand-mère, parce qu'elle est malade et que cela lui fera du bien.

— Où habite-t-elle, ta grand-mère, Petit Chaperon rouge ? demanda le loup.

— Plus loin dans la forêt, à un quart d'heure d'ici ; c'est sous les trois grands chênes, et, juste en dessous, il y a des noisetiers, tu reconnaîtras forcément, dit le Chaperon rouge.

Fort de ce renseignement, le loup pensa : « Un fameux régal, cette mignonne et tendre jeunesse ! Grasse chère, que j'en ferai : meilleure encore que la grand-mère, que je vais engloutir aussi. Mais attention, il faut être malin si tu veux les déguster l'une et l'autre. » Telles étaient les pensées du loup tandis qu'il faisait un bout de conduite au Petit Chaperon rouge. Puis il dit, tout en marchant :

— Toutes ces jolies fleurs dans le sous-bois, comment se fait-il que tu ne les regardes même pas, Petit Chaperon rouge ? Et les oiseaux, on dirait que tu ne les entends pas chanter ! Tu marches droit devant toi comme si tu allais à l'école, mais c'est pourtant rudement joli, la forêt !

Le Petit Chaperon rouge donna un coup d'œil alentour et vit danser les rayons du soleil entre les arbres, et puis partout, partout des fleurs qui brillaient. « Si j'en faisais un bouquet pour grand-mère, se dit-elle, cela lui ferait plaisir aussi ; il est tôt et j'ai bien le temps d'en cueillir. » Sans attendre, elle quitta le chemin pour entrer dans le sous-bois et cueillir des fleurs : une ici, l'autre là, mais la plus belle était toujours un peu plus loin, et encore plus loin dans l'intérieur de la forêt. Le loup, pendant ce temps, courait tout droit à la maison de la grand-mère et frappait à sa porte.

— Qui est là ? cria la grand-mère.

— C'est moi, le Petit Chaperon rouge, dit le loup. Je t'apporte de la galette et du vin, ouvre-moi !

— Tu n'as qu'à tirer le loquet, cria la grand-mère. Je suis trop faible pour aller t'ouvrir.

Le loup tira le loquet, poussa la porte et entra pour s'avancer tout droit, sans dire un mot, jusqu'au lit de la grand-mère, qu'il avala. Il mit ensuite sa chemise, s'enfouit la tête sous son bonnet de dentelle et se coucha dans son lit, puis tira les rideaux de l'alcôve.

Le Petit Chaperon rouge avait couru de fleur en fleur, mais à présent son bouquet était si gros que c'était tout juste si elle pouvait le porter. Alors elle pensa à sa grand-mère et se remit bien vite en chemin pour arriver chez elle. La porte était ouverte et cela l'étonna ; mais quand elle fut dans la chambre, tout lui parut de plus en plus bizarre et elle se dit : « Mon Dieu, comme tout est étrange aujourd'hui ! D'habitude, je suis si heureuse quand je suis chez grand-mère ! » Elle salua pourtant :

— Bonjour, grand-mère !

Mais comme personne ne répondait, elle s'avança jusqu'à son lit et écarta les rideaux. La grand-mère était là, couchée, avec son bonnet qui lui cachait presque toute la figure, et elle avait l'air si étrange.

— Comme tu as de grandes oreilles, grand-mère !

— C'est pour mieux t'entendre, répondit-elle.

— Comme tu as de gros yeux, grand-mère !

— C'est pour mieux te voir, répondit-elle.

— Comme tu as de grandes mains !

— C'est pour mieux te prendre, répondit-elle.

— Oh ! grand-mère, quelle grande bouche et quelles terribles dents tu as !

— C'est pour mieux te manger, dit le loup, qui fit un bond hors du lit et avala le pauvre Petit Chaperon rouge d'un seul coup.

Sa voracité satisfaite, le loup retourna se coucher dans le lit et s'endormit bientôt, ronflant plus fort que fort. Le chasseur, qui passait devant la maison, l'entendit et pensa : « Qu'a donc la vieille femme à ronfler si fort ? Il faut que tu entres et que tu voies si elle a quelque chose qui ne va pas. » Il entra donc et, s'approchant du lit, vit le loup qui dormait là.

— C'est ici que je te trouve, vieille canaille ! dit le chasseur. Il y a un moment que je te cherche !...

Et il allait épauler son fusil, quand, tout à coup, l'idée lui vint que le loup avait peut-être mangé la grand-mère et qu'il pouvait être encore temps de la sauver. Il reposa son fusil, prit des ciseaux et se mit à tailler le ventre du loup endormi. Au deuxième ou au troisième coup de ciseaux, il vit le rouge chaperon qui luisait ; deux ou trois coups de ciseaux encore, et la fillette sautait dehors en s'écriant :

— Oh ! là ! là ! quelle peur j'ai eue ! Comme il faisait noir dans le ventre du loup !

Et bientôt après, sortait aussi la vieille grand-mère, mais c'était à peine si elle pouvait encore respirer. Le Petit Chaperon rouge courut chercher de grosses pierres qu'ils fourrèrent dans le ventre du loup ; et quand il se réveilla et voulut bondir, les pierres pesaient si lourd qu'il s'affala et resta mort sur le coup.

Tous les trois étaient bien contents : le chasseur prit la peau du loup et rentra chez lui ; la grand-mère mangea la galette et but le vin que le Petit Chaperon rouge lui avait apportés, se retrouvant bientôt à son aise. Mais pour ce qui est du Petit Chaperon rouge, elle se jura : « Jamais plus de ta vie tu ne quitteras le chemin pour courir dans les bois quand ta mère te l'a défendu. »

On raconte encore qu'une autre fois, quand le Petit Chaperon rouge apportait de nouveau de la galette à sa vieille grand-mère, un autre loup essaya de la distraire et de la faire sortir du chemin. Mais elle s'en garda bien et continua à marcher tout droit. Arrivée chez sa grand-mère, elle lui raconta bien vite que le loup était venu à sa rencontre et qu'il lui avait souhaité le bonjour, mais qu'il l'avait regardée avec des yeux si méchants.

— Si je n'avais pas été sur la grand-route, il m'aurait dévorée ! ajouta-t-elle.

— Viens, lui dit sa grand-mère, nous allons fermer la porte et bien la cadenasser pour qu'il ne puisse pas entrer ici.

Peu après, le loup frappait à la porte et criait :

— Ouvre-moi, grand-mère ! C'est moi, le Petit Chaperon rouge, qui t'apporte des gâteaux !

Mais les deux gardèrent le silence et n'ouvrirent point la porte. Tête-Grise fit alors plusieurs fois le tour de la maison à pas feutrés, et, pour finir, il sauta sur le toit, décidé à attendre jusqu'au soir, quand le Petit Chaperon rouge sortirait, pour profiter de l'obscurité et l'engloutir. Mais la grand-mère se douta bien de ses intentions.

— Prends le seau, mon enfant, dit-elle au Petit Chaperon rouge. J'ai fait cuire des saucisses hier, et tu vas porter l'eau de cuisson dans la grande auge de pierre qui est devant l'entrée de la maison.

Le Petit Chaperon rouge y porta tant et tant de seaux que, pour finir, l'auge était pleine. Alors la bonne odeur de la saucisse vint caresser les narines du loup jusque sur le toit. Il se pencha pour voir et renifler, se pencha et renifla, renifla, et se pencha si bien en tendant le cou qu'à la fin il glissa et ne put plus se retenir. Il glissa du toit et tomba droit dans l'auge de pierre où il se noya.

Allègrement, le Petit Chaperon rouge regagna sa maison, et personne ne lui fit le moindre mal.

Neigeblanche et Roserouge

Il était une pauvre veuve qui vivait toute seule dans une petite chaumière, et qui avait deux rosiers dans le bout de jardin, devant sa demeure : l'un qui portait de blanches roses, et l'autre des roses rouges. Elle avait aussi deux fillettes qui ressemblaient aux deux rosiers, et l'une s'appelait Neigeblanche, tandis que l'autre se nommait Roserouge. C'étaient les filles les plus sages du monde, obéissantes et actives, pieuses et bonnes de cœur ; la seule différence, c'était que Neigeblanche avait plus de douceur encore que Roserouge et se montrait plus calme. Si Roserouge se plaisait plutôt à courir les prés ou les champs pour y cueillir des fleurs ou attraper des papillons, Neigeblanche préférait rester avec sa mère et l'aidait au ménage ou lui faisait la lecture quand le ménage était fini. Mais il n'empêche que les deux fillettes s'aimaient de tout leur cœur et se tenaient toujours par la main quand elles allaient ensemble se promener ou faire quelque commission. Si Neigeblanche disait à sa sœur :

— Nous ne nous séparerons jamais ! Roserouge lui répondait :

— Jamais jusqu'à la mort.

Et leur mère ajoutait alors :

— Tout ce que l'une peut avoir, elle doit le partager avec l'autre.

Il leur arrivait souvent d'aller seules dans les bois pour chercher des fraises, ou des framboises peut-être, ou d'autres jolis petits fruits rouges. Aucune bête ne leur faisait de mal, toutes s'approchaient d'elles sans crainte, au contraire ; le lièvre venait leur manger dans la main, le chevreuil venait paître à côté d'elles et le cerf gambadait joyeusement dans leur voisinage, tandis que, dans les arbres, les oiseaux chantaient pour elles de leur mieux. Jamais la moindre mésaventure ne leur survint, et si elles se laissaient surprendre par la nuit pour s'être attardées dans la forêt, elles se faisaient un lit de mousse et dormaient côte à côte jusqu'au matin. Leur maman le savait et ne se faisait pas de tracas à leur sujet dans ce cas-là.

Une fois qu'elles avaient dormi la nuit dans la forêt, elles avaient eu la surprise, quand l'aurore les avait réveillées, de voir à côté de leur lit de mousse un bel enfant dans une robe d'une blancheur éblouissante. Il était assis, puis il s'était levé, les couvrant d'un regard affectueux ; il s'était éloigné sans prononcer une parole, puis avait disparu dans la forêt. Elles se rendirent compte alors qu'elles avaient dormi tout près d'un précipice et qu'elles y seraient inévitablement tombées, avec l'obscurité, si elles avaient seulement fait quelques pas de plus. Leur maman leur avait expliqué qu'elles avaient dû voir l'ange gardien qui veille sur les enfants sages.

Propre comme elles la tenaient, c'était un plaisir de voir la petite chaumière de leur mère : Roserouge s'en occupait en été, et elle ne manquait jamais d'apporter au lit de sa mère, chaque jour avant son réveil, un frais bouquet de fleurs où il y avait toujours une rose de chaque rosier, une blanche et une rouge. En hiver, c'était Neigeblanche qui se levait pour allumer le feu et mettre le chaudron à la crémaillère ; c'était un chaudron de cuivre jaune, mais qui brillait comme de l'or tellement il était bien récuré et poli. Et le soir, s'il neigeait, la maman disait :

— Va, Neigeblanche, et pousse le verrou.

Elles s'installaient alors près du feu, la maman chaussait ses lunettes et lisait à haute voix dans un gros livre, tandis que les fillettes filaient la quenouille tout en l'écoutant. Un agnelet se réchauffait aussi, couché à leurs pieds ; et, derrière elles, une colombe, sur son perchoir, dormait la tête cachée sous son aile.

Mais un soir qu'elles étaient là bien tranquilles devant l'âtre, voilà que tout à coup quelqu'un frappe à la porte.

— Va vite ouvrir, Roserouge, dit la mère, c'est sans doute quelque voyageur qui demande l'abri d'un toit.

Roserouge courut tirer le loquet, s'attendant à voir un pauvre homme. Mais non : c'était un ours qui avançait sa grosse tête sombre entre la porte et le montant. Roserouge se rejeta en arrière en poussant un grand cri, l'agneau se mit à bêler, la colombe à battre des ailes, et Neigeblanche courut se réfugier derrière le lit de sa mère.

— N'ayez pas peur, je ne vous ferai pas de mal ! dit l'ours sur le seuil. Je suis à moitié gelé et je voudrais seulement me réchauffer un peu chez vous.

— Viens près du feu, pauvre ours, mais prends garde de ne pas te roussir le poil, dit la mère, qui appela aussitôt : Neigeblanche, Roserouge, vous pouvez revenir ! L'ours ne vous fera pas de mal : il n'a que de bonnes intentions.

Elles revinrent alors toutes deux, puis l'agnelet et la colombe se rapprochèrent également petit à petit, oubliant leur premier effroi.

— Vous, les enfants, leur dit l'ours, faites-moi un peu tomber la neige qui reste prise dans ma fourrure !

Elles attrapèrent le balai et lui débarrassèrent le poil de toute neige, cependant qu'il grognait d'aise devant le bon feu. Tout à fait rassurées au bout d'un moment, les fillettes s'amusèrent bientôt avec ce grand pataud et se mirent à taquiner leur visiteur : elles enfonçaient leurs menottes dans sa fourrure et lui tiraient le poil, tambourinaient sur son dos avec leurs petits pieds, le bousculaient et le roulaient d'un côté sur l'autre, le fouettaient même avec une badine de noisetier, riant aux éclats de l'entendre grogner.

L'ours les laissait faire de bonne grâce, s'exclamant seulement quand elles lui faisaient mal :

— Ne m'assassinez pas, les enfants ! Neigeblanche, Roserouge, écoutez ! Il ne faut pas tuer son fiancé !

Quand ce fut l'heure d'aller dormir, avant d'aller se mettre au lit, la mère offrit à l'ours de rester.

— Tu peux bien te coucher là et dormir devant l'âtre, lui dit-elle, au moins tu seras à l'abri et protégé du froid !

Il resta donc, mais le jour blanchissait à peine quand les fillettes le laissèrent partir en lui ouvrant la porte ; et il s'en alla, trottant dans la neige, directement dans la forêt. Et, depuis ce jour-là, chaque soir à la même heure, l'ours revint se coucher près du feu, en laissant les fillettes s'amuser avec lui autant qu'il leur plaisait ; on s'habitua même si bien à lui dans la chaumière que le verrou n'était jamais tiré avant la venue tardive du noir compère.

Après le retour du printemps, lorsque déjà tout était vert dehors, l'ours, un matin, dit à Neigeblanche :

— Il faut à présent que je m'en aille, et je ne pourrai pas revenir de tout l'été.

— Pourquoi ? Où t'en vas-tu ainsi ? demanda la fillette.

— Dans la forêt : j'ai mes trésors à protéger et à garder contre les nains méchants, répondit-il. Durant l'hiver, quand la terre est gelée, il faut bien qu'ils restent dessous : ils ne peuvent pas sortir. Mais à présent que le soleil l'a bien chauffée et amollie, il leur est facile de s'ouvrir un passage et de monter à la surface, où ils fouillent partout pour voler. Et quand ils ont mis la main sur quelque chose et l'emportent dans leur monde souterrain, cela ne revoit pas souvent ni aisément la lumière du jour !

Neigeblanche se sentit toute triste de cet adieu. Dès qu'elle lui eut ouvert, l'ours se hâta de sortir, mais comme la porte n'était pas grande ouverte, il se prit la fourrure dans le loquet et s'écorcha un peu en passant ; alors il sembla à Neigeblanche que quelque chose comme de l'or avait brillé dans l'écorchure, mais c'était juste une impression et elle n'était pas sûre. L'ours s'éloigna précipitamment et, bientôt, il eut disparu sous les arbres de la forêt.

À quelque temps de là, leur mère envoya les fillettes dans la forêt ramasser du bois mort ; elles y trouvèrent un gros arbre abattu, avec quelque chose qui bougeait et s'agitait dans l'herbe, près du tronc, sans qu'elles pussent distinguer ce que cela pouvait bien être. Approchant, elles virent que c'était un nain, vieux de figure et tout ridé, avec une longue, longue barbe blanche dont la pointe restait prise dans une fente du tronc ; tirant dessus, sautant et se débattant de droite et de gauche, le petit homme avait l'air d'un jeune chien au bout de sa corde, mais il n'arrivait pas à se tirer de là. Tournant ses yeux rouges et enflammés vers les fillettes, il glapit :

— Alors, qu'est-ce que vous avez à rester plantées là ? Vous ne pouvez pas venir me donner un coup de main, non ?

— Qu'est-ce qu'il t'arrive donc, petit homme ? questionna Roserouge.

— Stupide petite dinde, ne vois-tu pas que je voulais fendre cet arbre et faire du petit bois pour la cuisine ? Les grosses bûches, cela ne va pas chez nous : c'est tout juste bon pour nous calciner les petits plats que nous cuisons ! Parce que nous, nous ne mangeons pas en engloutissant des masses de nourriture comme vous autres, goinfres et grossiers personnages ! J'avais déjà bien engagé mon coin dans le bois et tout serait allé pour le mieux, si ce maudit bois n'avait pas été lisse : il a glissé dehors tout soudain et le tronc s'est resserré si rapidement que je n'ai pas eu le temps de dégager ma belle barbe blanche ; et maintenant elle est si fort coincée que je n'arrive pas à la retirer. Ah ! Il faut être bête comme les oies que vous êtes pour trouver cela drôle et en rire, avec vos faces plates, blêmes et niaises ! Pouah ! quelle laideur !

Les fillettes se donnèrent toutes les peines du monde, mais ne parvinrent pas à retirer la barbe, tellement elle était fermement prise.

— Attends, proposa Roserouge, je vais courir chercher de l'aide.

— Oh ! les idiotes, glapit le nain. Aller encore chercher du monde, c'est tout ce que vous trouvez ! Comme si je n'avais déjà pas assez et plus qu'assez de vous deux ici !

— Ne t'impatiente donc pas, dit Neigeblanche, je sais ce que nous allons faire.

Elle tira les petits ciseaux qu'elle avait dans sa poche et coupa la pointe de la barbe. Sitôt libre, le nain attrapa son sac qui était resté entre les racines de l'arbre et qui était plein d'or, se le mit sur l'épaule et partit en grommelant :

— Quelle race de brutes ! Me couper un bout de ma barbe ! Ma fierté ! Que le diable vous emporte !

Et il était déjà loin, sans avoir même accordé un regard aux deux fillettes.

Neigeblanche et Roserouge, quelques jours plus tard, partirent pêcher une friture ; mais quand elles arrivèrent à l'eau, il y avait là comme une grosse sauterelle qui sautait sur le bord et qui voulait plonger, eût-on dit. Elles y courent et que voient-elles ? C'est encore le nain, qu'elles reconnaissent aussitôt.

— Qu'est-ce que tu fabriques là ? lui demande Roserouge. Tu ne veux tout de même pas te jeter à l'eau ?

— Je ne suis pas encore complètement fou ! s'exclama le nain. Ne voyez-vous pas que c'est ce sacré poisson de malheur qui me tire dedans ?

Le petit homme s'était installé là pour pêcher, mais le vent avait si malencontreusement mêlé sa barbe avec sa ligne, que lorsqu'un gros poisson avait mordu et tiré sur le fil, il l'emporta avec plus de force que ne pouvait lui en opposer le faible nain, qui s'accrochait désespérément aux touffes d'herbe et aux joncs de la rive sans parvenir à s'y tenir. Il allait perdre la partie quand les fillettes arrivèrent à son secours et le retinrent sur le bord, s'efforçant ensuite de démêler le fil de sa barbe et sa barbe du fil. Mais à quoi bon ? Le fil et la barbe étaient noués ensemble si étroitement et inextricablement que leurs efforts restèrent vains. Une fois de plus, il ne leur resta qu'à sortir les petits ciseaux et à couper un petit peu de la barbe du nain, qui s'en indigna avec véhémence :

— Est-ce que ce sont des façons, horribles grenouilles, de massacrer ainsi le visage des gens ? Non contentes de m'avoir déjà défiguré en me coupant la pointe de ma barbe l'autre jour, voilà maintenant que vous taillez en plein dedans ! Comment oserai-je à présent me montrer devant mes frères ? Je voudrais que vous soyez obligées de courir et courir et courir jusqu'à n'avoir plus de semelles à vos chaussures !

Il se retourna alors, empoigna un sac de perles qu'il avait laissé dans les roseaux, et s'en fut sans ajouter un mot, disparaissant bientôt derrière une grosse pierre.

À quelque temps de là, ayant besoin de fil et d'aiguilles, de lacets et de rubans, la mère envoya ses fillettes à la ville voisine. Le chemin, pour s'y rendre, traversait une lande parsemée, ici et là, de grosses roches, et comme elles s'y avançaient, Neigeblanche et Roserouge observèrent le vol d'un aigle qui planait en tournoyant lentement dans le ciel et qui, finalement, fondit soudain et disparut derrière un rocher tout proche d'elles. Au même instant, elles entendirent un hurlement partir de là, et des gémissements pitoyables. Elles y coururent et virent, non sans effroi, que l'aigle s'était précipité sur leur vieille connaissance, le nain, qu'il s'apprêtait à enlever. N'écoutant que leur bon cœur, les fillettes s'accrochèrent au petit homme et le retinrent de toutes leurs forces, avec une telle obstination que l'aigle, à la fin, lâcha sa proie et repartit dans les hauteurs. À peine revenu de sa première épouvante, le nain se mit à glapir :

— Alors quoi ? Vous ne pouviez pas, non, vous conduire un peu plus proprement avec moi ? En tirant comme des folles sur mon petit habit, vous me l'avez troué et déchiré partout ! Des lourdaudes et des maladroites, voilà ce que vous êtes !

Et, reprenant son sac qui était plein de pierres précieuses, il disparut sous le rocher et regagna son antre souterrain.

Habituées à son ingratitude, les fillettes poursuivirent leur chemin et s'en allèrent à la ville faire leurs achats. Au retour, quand elles passèrent de nouveau sur la lande, elles tombèrent par surprise sur le nain, qui avait étalé devant lui, sur une petite plate-forme bien nette, les pierres précieuses de son sac, car il ne pensait pas que quelqu'un pût passer encore par là à une heure aussi tardive. Dans la lumière du couchant, les gemmes étincelaient et jetaient mille feux de toutes les couleurs, rayonnaient avec un éclat si magnifique que les fillettes restèrent clouées sur place par l'admiration.

— Qu'est-ce que vous fichez là, bayant aux corneilles ? glapit le nain si furieusement que son visage, d'ordinaire gris de cendre, en était vermillon.

Sa bouche se tordait déjà pour cracher de nouvelles injures quand, soudain, avec un grognement puissant, un ours noir sortit de la forêt et arriva sur eux d'un trot rapide. Ce fut si vite fait que le nain, qui avait déjà bondi dans sa frayeur et qui voulait s'enfuir, n'eut pas le temps de regagner son trou : l'ours était déjà là, devant lui, et lui coupait la retraite.

Affolé de terreur, le cœur glacé par le désespoir, le nain le supplia :

— Seigneur ours, mon cher seigneur ! Épargnez-moi ! Je vous donnerai mes trésors. Voyez comme elles sont belles, les pierres que j'ai là ! Laissez-moi seulement la vie. Un pauvre petit être comme moi, si minuscule, qu'est-ce que cela peut bien vous faire ? Entre vos dents, vous ne me sentiriez même pas !... Prenez-vous-en plutôt à ces deux maudites gamines que voilà : c'est un morceau de roi pour vous ! Grasses et dodues comme des cailles ! Au nom du ciel, faites-en votre repas !

L'ours ne prêta pas la moindre attention à ces paroles et écrasa le mauvais petit être d'un seul coup de patte, le laissant raide mort. Les fillettes avaient pris leurs jambes à leur cou, mais l'ours les appela :

— Neigeblanche ! Roserouge ! N'ayez pas peur ! Attendez-moi, je viens avec vous !

Reconnaissant sa voix, elles s'arrêtèrent dans leur fuite et l'ours arriva ; mais, dès qu'il les eut rejointes, il perdit d'un seul coup sa peau d'ours et elles eurent devant elles un beau jeune homme tout d'or vêtu.

— Je suis le fils d'un roi, leur expliqua-t-il, mais j'avais été changé en ours par ce nain maudit qui m'avait volé mon trésor, et j'étais obligé de courir les bois sous la forme d'un ours, tant que je n'aurais pas été délivré par sa mort. Maintenant, enfin, il a été puni comme il convenait !

Neigeblanche devint son épouse et Roserouge celle de son frère. Quant aux trésors immenses que le nain avait accumulés dans son antre, ils se les partagèrent. Et la vieille maman vécut encore de longues et heureuses années de paix avec ses deux filles qu'elle était venue rejoindre, mais non sans emporter avec elle les deux rosiers de sa chaumière, qui fleurirent désormais devant leurs fenêtres, épanouissant chaque année leurs belles roses blanches et leurs belles roses rouges.

Le pêcheur et sa femme

Il était une fois, dans le temps jadis, un pêcheur avec sa femme, qui vivaient ensemble dans une minuscule cabane tout au bord de la mer ; et tous les jours le pêcheur s'en allait lancer sa ligne, et il lançait sa ligne, et il la lançait.

Ainsi, un jour, il était assis près de sa ligne et il regardait toujours dans l'eau claire, il regardait et il était assis, assis.

Puis, tout à coup, la ligne plongea et s'en alla au fond, tout au fond ; et quand il la remonta, il tira dehors un grand turbot qui était au bout. Alors le turbot parla :

— Écoute, pêcheur, je te le demande, laisse-moi la vie. Je ne suis pas un vrai turbot, je suis un prince ensorcelé. Si tu me fais mourir, cela t'avance à quoi ? Tu ne me trouverais quand même pas à ton goût. Rejette-moi à l'eau et laisse-moi nager.

— Beuh ! dit l'homme, pas besoin de si longs discours : un turbot qui sait parler, moi, je te le renvoie à l'eau *illico*.

Et il le rejeta dans l'eau claire, où le turbot plongea tout droit vers le fond en laissant une longue traînée de sang derrière lui. Puis le pêcheur s'en alla et revint auprès de sa femme dans la pauvre cabane.

— Homme, lui demanda-t-elle, tu n'as rien pris aujourd'hui ?

— Non, dit l'homme. J'avais pris un turbot, qui m'a dit qu'il était un prince ensorcelé ; alors je l'ai remis à nager.

— Et sans rien demander, sans faire un souhait ? dit la femme.

— Eh non ! dit l'homme. Qu'est-ce que j'avais à demander ?

— Oh ! dit la femme, c'est pourtant assez écœurant de vivre toujours dans un vrai « pisse-pot », une masure dégoûtante et qui pue ! Tu pouvais pourtant bien souhaiter une petite chaumière pour nous. Vas-y et appelle-le : tu lui diras que nous voudrions avoir une chaumière ; sûrement qu'il te la donnera.

— Ah ! dit l'homme, qu'est-ce que je vais retourner là-bas ? À quoi ça sert ?

— Alors quoi ? dit la femme, tu l'avais pris et tu l'as remis à l'eau. C'est sûr qu'il va te la donner ! Vas-y, là, vas-y vite.

L'homme n'était pas d'accord, mais il ne voulait pas s'opposer à sa femme, ni se risquer à la contrarier ; et il s'en retourna jusqu'à la mer. Quand il y fut, l'eau n'était plus transparente et claire, mais jaune et vert entièrement. Il se planta tout au bord et dit :

Turbot, Turbot dans la mer,
Croix de bois et croix de fer,
Y a ma femme Elsabella
Qui veut autrement que moi.

Le turbot apparut, nageant à la surface, et dit :

— Alors, qu'est-ce qu'elle veut ?

— C'est parce que je t'avais pris, dit l'homme. Alors elle dit comme cela que je pouvais bien faire un vœu. Ça ne lui va plus d'habiter un pisse-pot, elle aimerait bien une chaumière.

— Vas-y, dit le poisson, elle a tout ce qu'elle voulait.

L'homme s'en retourna chez lui, mais ce n'était plus dans le pisse-pot qu'habitait sa femme : il vit une coquette chaumière, et sa femme qui était assise devant la porte, sur un banc. Elle le prit par le bras et lui dit :

— Entre donc et regarde un peu, c'est quand même beaucoup mieux !

Ils entrèrent, et, à l'intérieur, il y avait une belle petite entrée, une grande pièce et une chambre à deux lits, chacun le sien, puis une cuisine avec l'office, où tout luisait de propreté, les meubles, les cuivres et les étains étincelants, car il n'y manquait rien de rien, et, par-derrière, il y avait une courette avec des poules et des canards, puis encore un jardinet plein de légumes verts et de fruits juteux.

— Tu vois, dit la femme, c'est gentil, non ?

— Ça oui, dit l'homme, ce sera bon de rester toujours là : on peut y vivre heureux et contents !

— On verra ça, dit la femme, on verra.

Après quoi, ils dînèrent et allèrent au lit.

Passèrent une huitaine ou une quinzaine de jours, et la femme dit :

— Écoute-moi, homme, la chaumière est quand même trop petite, on s'y sent à l'étroit ; quant à la cour et au jardin, ils sont vraiment trop minuscules ! Le turbot aurait bien dû nous donner quelque chose de plus grand. Moi, ce que je voudrais, c'est habiter un beau château de pierre. Tu n'as qu'à y aller et le lui demander, au turbot : il nous fera bien cadeau d'un château de pierre.

— Ah, femme ! dit l'homme, la chaumière est déjà bien bonne pour nous, qu'est-ce que nous avons à faire d'habiter un château ?

— Eh bien quoi ? dit la femme, tu n'as rien qu'à demander : le turbot peut bien le faire.

— Non, femme, le turbot nous a déjà fait don de la chaumière, dit l'homme, je ne vais pas encore aller l'embêter avec autre chose maintenant.

— Vas-y donc, dit la femme, il peut bien le faire et il le fera volontiers. Vas-y, je te dis !

L'homme en avait un gros poids sur le cœur et ne voulait pas y aller ; il se disait en dedans : « Ce n'est pas juste. Ce n'est pas raisonnable. » Mais pour finir, il y alla quand même.

Quand il fut au bord de la mer, l'eau n'était plus jaune et vert entièrement mais violet et bleu profondément, et lourde et sombre, quoique calme encore. Il alla se planter au bord et dit :

Turbot, Turbot dans la mer,
Croix de bois et croix de fer,
Y a ma femme Elsabella
Qui veut autrement que moi.

— Alors, qu'est-ce qu'elle veut ? demanda le turbot.

— Ah ! dit l'homme à moitié hésitant, elle veut un grand château de pierre comme demeure.

— Vas-y, dit le turbot, elle est déjà devant la porte.

L'homme s'en alla, pensant s'en revenir à sa chaumière ; mais, quand il arriva, il trouva à sa place un grand palais de pierre avec sa femme au haut des marches, sur le perron, prête à entrer. Elle le prit par le bras et lui dit : « Allons, viens et entrons ! » Et l'homme entra avec elle.

Dans le château, il y avait un vestibule superbe avec des murs plaqués de marbre, et là, des domestiques en grand nombre pour leur ouvrir les portes monumentales ; sur les hauts murs blancs et polis étaient de belles tapisseries ; dans les grands salons et les autres chambres, les fauteuils et les tables étaient d'or pur, et des lustres de cristal en forme de couronne ornaient les plafonds ; il y avait des tapis dans toutes les chambres grandes et petites, et des mets de toutes sortes avec les vins les plus fins chargeaient les tables à les faire crouler. Une vaste cour tenait l'arrière du château, avec les écuries des chevaux, et les étables des vaches, et des remises où étaient rangés de magnifiques carrosses ; puis un jardin de fleurs et un verger splendides, puis encore un parc d'au moins une lieue de long avec un bois de plaisance tout giboyeux, où l'on voyait courir les cerfs et les chevreuils et les lièvres et les autres, tous les autres animaux qu'on peut aimer voir et manger.

— Voilà, dit la femme, est-ce que ce n'est pas beau ?

— Oh oui ! dit l'homme, ce sera bon d'y rester et nous allons habiter ce beau château où nous serons tout à fait heureux.

— On verra ça, dit la femme, on verra. Allons toujours dormir.

Et ils allèrent se coucher.

Le lendemain matin, la femme fut la première levée, et il faisait bien clair, et elle vit la merveilleuse campagne qui se déployait sous ses yeux à perte de vue. D'un coup de coude, elle réveilla son homme qui s'étira mollement.

— Lève-toi un peu, homme, et jette un coup d'œil par la fenêtre, lui dit-elle. Tu vois ? Nous pourrions bien être rois sur tout ce beau pays ! Va dire au turbot que nous voudrions être rois.

— Ah ! femme, qu'est-ce que nous avons besoin d'être rois ? répondit l'homme. Je ne veux pas être roi.

— Très bien, dit la femme, si tu ne veux pas être roi, moi je le serai et voilà tout. Va dire au turbot que je veux être la reine de ce pays.

— Ah ! femme, qu'est-ce que tu as besoin d'être reine ? dit l'homme. Je n'oserai jamais le lui dire, au turbot !

— Et pourquoi pas, si je le demande ? dit la femme. Vas-y tout de suite : je veux être la reine.

Il y alla, mais il était tout retourné que sa femme voulût être reine. « Ce n'est pas juste ! Ce n'est pas juste ! Pas juste et pas juste... », se répétait-il. Et il ne voulait pas y aller, mais il y alla tout de même.

Et quand il fut devant la mer, elle était trouble et d'un gris foncé, et l'eau brassait furieusement le fond jusqu'en surface, et son odeur était puante. Il se planta au bord et dit :

Turbot, Turbot dans la mer,
Croix de bois et croix de fer,
Y a ma femme Elsabella
Qui veut autrement que moi.

— Alors, dit le turbot, qu'est-ce qu'elle veut donc ?

— Ah ! dit l'homme, elle veut être le roi.

— Retournes-y, dit le turbot, elle est tout déjà.

L'homme retourna et vit, quand il approcha du palais, que le château était devenu bien plus grand et qu'il avait un gros donjon avec quantité de beaux ornements dessus. Et la garde se tenait devant la porte, et il y avait encore beaucoup plus de soldats, et des trompettes et des tambours. Quand il entra dans le château, tout y était de marbre et d'or, tapissé de velours, avec partout de grands coffres pleins d'or. Et quand s'ouvrirent les portes de la grand-salle, la cour s'y tenait rassemblée, et sa femme siégeait sur un grand et haut trône d'or et de diamants, et elle avait sur la tête une haute couronne d'or, et elle tenait dans sa main un sceptre d'or pur couvert de pierreries. De chaque côté d'elle, il y avait un rang de jeunes filles alignées selon leur taille, six de chaque côté, avec une différence d'une tête de l'une à l'autre.

Il alla jusque devant elle et dit :

— Ah ! femme, te voilà reine à présent ?

— Oui, dit-elle, maintenant je suis reine.

Il s'approcha tout près et resta planté devant elle à la regarder, puis il dit :

— Ah ! femme, c'est quand même une belle chose que tu sois reine ! Maintenant nous n'avons plus rien à souhaiter.

— Oh ! que si ! dit-elle avec émoi. Je n'y ai rien trouvé qu'ennui et longueur de temps et j'en ai plus qu'assez ! J'ai été reine, et il faut que je sois impératrice à présent. Va et dis-le au turbot.

— Ah ! femme, dit l'homme, il ne peut pas te faire impératrice ! Je n'ose pas demander cela au turbot.

— Homme, dit la femme, va trouver le turbot : je veux devenir impératrice.

— Ah ! femme, qu'est-ce que tu as besoin d'être impératrice ? dit l'homme.

— Va le trouver : je veux devenir impératrice ! dit-elle.

— Non, femme, dit l'homme, il ne peut pas te faire impératrice. Cela, je ne vais pas le lui demander. Un empereur, il n'y en a qu'un pour tout l'empire, et le turbot ne peut pas te faire impératrice : il ne peut pas et ne peut pas.

— Quoi ? dit la femme, je suis reine et tu es mon homme. Va, et vas-y tout de suite, tu as compris ? Vas-y tout de suite : il a pu me faire reine, il peut aussi me faire impératrice, et moi je veux être impératrice, je le veux. Immédiatement.

Et il dut y aller ; mais, tout en y allant, il protestait en lui-même et se sentait plein de crainte. « Ce n'est pas convenable, se disait-il en lui-même, pas convenable du tout ! Impératrice, c'est trop gros ! Le turbot finira par le prendre mal. »

Tout en se disant cela, l'homme arriva au bord de la mer, et l'eau était toute sombre et démontée, grondante et écumante, avec un vent tempétueux qui emportait l'écume et la faisait voler en sifflant contre lui. Il en fut tout ébranlé ; mais il s'avança quand même et se planta au bord pour dire :

Turbot, Turbot dans la mer,
Croix de bois et croix de fer,

Y a ma femme Elsabella
Qui veut autrement que moi.

— Alors, que veut-elle donc ? dit le turbot.

— Ah ! turbot, dit l'homme, ma femme veut devenir impératrice.

— Retourne, dit le turbot, elle a tout déjà.

L'homme s'en retourna donc, et quand il fut là-bas, le palais tout entier brillait d'ornements de porphyre[1] et de statues de marbres et d'arabesques d'or. Devant la grand-porte, les soldats paradaient aux sons d'une fanfare qui faisait retentir trompes et trompettes, timbales et tambours. À l'intérieur, c'était une foule de comtes et de barons, de ducs et de princes qui s'empressaient comme des serviteurs, et, devant lui, ils ouvrirent les portes qui étaient d'or massif. Quand il entra, il vit sa femme assise sur un trône d'or, et qui n'avait pas moins de deux étages de hauteur ; et elle avait sur la tête une

1. Porphyre : roche rouge mêlée de cristaux blancs.

couronne d'or de trois aunes de haut, entièrement ornée de brillants et d'escarboucles ; le sceptre était dans sa main, et dans l'autre le globe impérial. De chaque côté s'alignaient des pages rangés sur un double rang, et par taille décroissante, une tête de moins de l'un à l'autre, et le premier était un géant de la hauteur de deux étages, alors que le dernier était un nain pas plus grand que mon petit doigt ; et devant elle s'inclinaient les ducs et les princes en nombre incalculable.

L'homme alors s'approcha et se tint devant elle, et il lui dit :

— Ah ! femme, te voilà donc impératrice à présent ?

— Oui, dit-elle, je suis impératrice.

Il s'avança tout près, se planta devant elle et resta là un bon moment à la regarder sur toutes les coutures, et quand il l'eut bien regardée, il lui dit :

— Ah ! femme, c'est beau, c'est vraiment beau que tu sois l'impératrice.

— Eh ! dit la femme, qu'as-tu à rester planté sans rien faire ? À présent que je suis impératrice, je veux devenir pape et rien d'autre ! Va, et dis-le au turbot.

— Ah ! femme, dit l'homme, qu'est-ce que tu ne voudrais pas ? Mais pape, tu ne peux pas l'être. Le pape, il n'y en a qu'un seul sur toute la chrétienté, et cela il ne peut pas te le donner parce qu'il y en a déjà un.

— Homme, dit-elle, je veux être le pape. Alors vas-y et dis-lui qu'il faut que je devienne le pape aujourd'hui même.

— Non, femme, je ne peux pas lui demander cela, c'est trop gros, cela ne va pas. Le turbot, il ne peut pas te faire pape.

— Homme, qu'est-ce que tu me racontes ? dit la femme. Il a pu me faire impératrice, il peut bien me faire pape aussi. Vas-y tout de suite ! Je suis impératrice et tu es mon mari, alors est-ce que tu vas y aller ?

Il en eut peur et il alla, mais il se sentait tout chose, frissonnant et tremblant, avec les genoux flasques et les jambes molles. Un vent furieux battait le paysage, charriant de gros nuages, ct tout était sombre vers le couchant ; les feuilles étaient arrachées des arbres, et des vagues énormes s'étaient creusées sur la mer quand il y arriva, qui grondaient et s'écrasaient en cognant contre le rivage ; au large, il voyait les navires malmenés sur les lames, et il entendit tirer le canon d'appel au secours. Il y avait bien encore un peu de bleu, juste au milieu du ciel, mais tout autour accouraient des nuages rouges et épais qui n'annonçaient rien de mieux que l'ouragan fatal. L'homme était complètement désespéré quand il vint tout au bord, et il avait grand-peur quand il dit :

Turbot, Turbot dans la mer,
Croix de bois et croix de fer,
Y a ma femme Elsabella
Qui veut autrement que moi.

— Alors, que veut-elle encore ? dit le turbot.
— Ah ! elle veut devenir pape, dit l'homme.

— Retournes-y, dit le turbot, c'est déjà fait.

Alors, il s'en revint, et à la place du château, il y avait une grande église entourée de palais partout. Devant se pressait la foule, qu'il dut traverser pour y arriver, et dedans tout était illuminé de mille et mille lumières, et sa femme était là, toute habillée d'or, assise sur un trône encore plus élevé, avec une triple couronne d'or sur la tête ; autour d'elle, elle avait toute la foule du haut clergé, et de chaque côté d'elle, alignés, des cierges en rampe décroissante, dont le plus grand était haut et large comme une énorme tour, et le plus petit pas plus gros que la plus minuscule veilleuse de cuisine. Et tous les empereurs et tous les rois pliaient le genou devant elle et baisaient sa mule[1].

— Femme, dit l'homme en l'examinant bien, est-ce que tu es le pape à présent ?

— Oui, dit-elle, je suis le pape.

Alors il s'approcha tout à fait d'elle et resta planté là, à la regarder ; et il lui semblait qu'il

1. Mule du pape : pantoufle blanche ornée d'une croix.

regardait dans le soleil. Et quand il l'eut regardée et regardée encore pendant tout le temps nécessaire, il lui dit :

— Ah ! femme, c'est tout de même beau que tu sois devenue pape !

Elle restait assise raide comme un arbre, sans broncher ni piper. Alors il dit :

— Ah ! femme, il faut que tu sois contente, à présent que tu es pape : tu ne peux rien devenir de plus.

— On verra ça, dit-elle, on verra.

Là-dessus, ils allèrent tous les deux se coucher ; mais elle n'était toujours pas contente et son ambition l'empêchait de dormir : elle n'arrêtait pas de se demander ce qu'elle pourrait bien devenir et vouloir.

L'homme, lui, dormit profondément et tout d'un trait : il avait beaucoup marché dans sa journée. La femme, en revanche, n'arriva pas à fermer l'œil et passa toute la nuit à se tourner et retourner en se demandant ce qu'elle pourrait bien vouloir encore devenir, mais sans trouver la moindre idée dans sa tête. Finalement le soleil était sur le point d'apparaître et l'on apercevait déjà le rosé de l'aurore ; alors elle se redressa dans son lit et elle regarda dehors, à travers la fenêtre. Quand elle vit le soleil paraître et jeter ses premiers rayons, une idée lui vint : « Ah ! se dit-elle, est-ce que je ne pourrais pas régner sur le soleil et la lune et leur commander, moi, de se lever ? »

— Homme ! dit-elle en réveillant son mari d'un coup de coude, debout ! Et va dire au turbot que je veux être comme le bon Dieu.

L'homme était encore à moitié endormi, mais il en reçut un tel choc qu'il en tomba du lit.

— Ah ! femme, qu'est-ce que tu dis ? fit-il en se frottant les yeux, croyant avoir mal entendu.

— Homme, dit-elle, si je ne peux pas commander au soleil et à la lune de se lever, et s'il faut que je les voie se lever sans mon ordre, je ne pourrai pas y tenir et je n'aurai plus une heure de tranquillité à l'idée que je ne puisse les faire lever moi-même.

Elle le fixa de si terrible façon en lui disant cela que l'homme en fut pris de frissons.

— Vas y, commanda-t-elle, je veux devenir comme le bon Dieu.

— Ah ! femme, dit-il en se mettant à genoux, le turbot, c'est quelque chose qu'il ne peut pas faire, cela ! Impératrice et puis pape, il a pu le faire, imagine un peu ! Mais je t'en supplie, maintenant, reprends-toi et restes-en là. Pape, c'est assez !

Une furieuse colère la prit alors, et ses cheveux défaits volaient autour de sa tête, son corsage se déchira entre ses mains, et elle hurla en lui envoyant un coup de pied :

— Je ne peux pas le supporter et je ne le supporterai pas plus longtemps. Vas-tu y aller ?

Il passa ses vêtements à toute vitesse et fila comme un fou.

Dehors, la tourmente faisait rage, hurleuse et grondante, à tel point qu'il pouvait à peine se tenir debout. Les maisons et les arbres tremblaient sur leurs bases, les montagnes en étaient secouées, des rochers s'en détachaient et tombaient dans la mer ; le ciel était partout d'un noir de poix, grondant de tonnerre et déchiré d'éclairs ; la mer était d'un noir d'encre et dressait des vagues lourdes et hautes comme des tours d'église, hautes comme des montagnes, qui avaient toutes une couronne d'écume à leur sommet. L'homme cria, mais il n'entendit pas lui-même le bruit de sa voix :

Turbot, Turbot dans la mer,
Croix de bois et croix de fer,
Y a ma femme Elsabella
Qui veut autrement que moi.

— Alors, qu'est-ce qu'elle veut encore ? dit le turbot.

— Ah ! dit-il, elle veut être comme le bon Dieu.

— Retournes-y : elle est de nouveau assise dans son pisse-pot.

Et c'est là qu'ils demeurent depuis lors, et jusqu'au jour d'aujourd'hui.

Pour en savoir plus

Dans la forêt enchantée des frères Grimm

C'est en 1812 que sont publiés les *Contes de l'enfance et du foyer*, pour la première fois. Nés à Cassel, en 1785 et 1786, les frères Grimm sont des philologues, folkloristes et anthropologues allemands, passionnés par les langues et les traditions germaniques, auteurs d'un *Dictionnaire* et d'une *Grammaire allemande*. L'aîné s'appelle Jacob et son cadet Wilhelm : ils travaillent ensemble pour la première édition des contes. Ensuite, Wilhelm se chargera seul des éditions suivantes, des corrections et des ajouts. Contrairement au Danois Andersen, qui est l'auteur de ses célèbres contes, les frères Grimm n'ont pas inventé ceux qui ont été publiés sous leur nom.

En effet, ils ont collecté plus de deux cents contes et légendes du folklore germanique, essentiellement dans la Hesse, et les ont retranscrits avec un sens aigu du récit populaire, en préservant les détails et la saveur d'origine. Leur mérite est d'avoir ouvert un chemin dans le vaste héritage de la tradition orale, et d'avoir minutieusement exploré un domaine aussi dense que la forêt enchantée de leurs fabuleux récits. Ils ont ainsi préservé le patrimoine médiéval en le fixant par écrit.

Contes de Grimm et romantisme allemand

La motivation des frères Grimm est indissociable du contexte politique et culturel du début du XIXe siècle. La collecte des contes participe de la volonté de donner un socle culturel commun à l'Allemagne, qui, à cette époque, est morcelée en petits royaumes et principautés. De nombreux intellectuels allemands rêvent d'un pays uni et fort, capable de lutter contre l'envahisseur français, Napoléon 1er. Le romantisme allemand se développe dans ce contexte troublé, exaltant un élan nationaliste et un retour aux sources. Les écrivains et les artistes se tournent alors vers le patrimoine médiéval, les contes, les chants et les danses populaires, en quête de ce monde perdu, de cette unité culturelle fondamentale.

L'univers des frères Grimm reflète particulièrement cet esprit romantique : on entre dans un monde merveilleux où la nature joue un rôle essentiel. La forêt sombre, à la fois dangereuse et salvatrice, devient un lieu privilégié. Il y a moins de « fées » que dans les contes de Perrault. Dans les récits de Grimm, les adjuvants (ceux qui aident les héros) sont des animaux doués de parole, des arbres aux pouvoirs extraordinaires (comme le noisetier de Cendrillon) ou de vieilles femmes sages, qui incarnent un monde rural, ancestral et mystérieux.

Les caractéristiques du « Märchen » ou conte allemand

Un cadre flou

Comme dans l'utopie, le cadre des contes est indéfini. On entre dans un espace et un temps différents de ceux de la réalité : les lieux sont imprécis ou désignés par des termes généraux (le château, la chaumière, la source, etc.), les événements ne sont pas datés, les personnages n'ont pas d'état civil, ils sont réduits à des fonctions, royales ou serviles. Certains lieux cependant sont privilégiés, présents dans de nombreux contes. La forêt y tient une grande place, elle peut être protectrice ou menaçante : Blanche-Neige s'y perd et y trouve finalement un refuge ; le Petit Chaperon rouge y croise le loup, Neigeblanche et Roserouge peuvent jouer et dormir dans les bois en toute sécurité.

Le héros et sa quête

Il s'agit souvent d'un héros jeune, qui accomplit un destin. Il s'achemine soit vers l'amour (mariage ou retrouvailles), soit vers un nouveau royaume, et donc une nouvelle famille. La route du héros, qu'il soit prince ou paysan, est toujours difficile et semée d'épreuves. Elle comporte des interdits, qu'il ne faut pas transgresser, ou des actes à accomplir qui permettent de sauver d'autres personnages. Contrairement au héros mythique, le héros du conte réussit toujours à triompher de la fatalité. Il est le plus souvent épargné, grandi par ses exploits, et la fin de ses aventures est heureuse. Le prince ou la princesse (Blanche-Neige, par exemple) retrouve son statut perdu, le héros pauvre accède à une situation plus confortable (Neigeblanche et Roserouge).

L'importance de la sphère familiale

L'univers des contes de Grimm est principalement celui de la famille. Le roi, le paysan ou le pêcheur sont avant tout époux ou père de famille, la reine est essentiellement une mère ou une marâtre. Le désir d'enfant, la mort de la mère ou les divisions fraternelles sont souvent le point de départ de l'histoire. Les relations familiales sont au cœur des contes : jalousies, malédictions, rejets, ou au contraire amour, rédemption et reconnaissance. Le jeune héros, un enfant le plus souvent, accède au terme de son parcours à une plus grande autonomie, en s'affranchissant peu à peu des liens familiaux. Le changement de famille est souvent un aboutissement. Dans « Les Trois Fileuses » par exemple, la jeune fille quitte une mère violente qui a honte d'elle et se reconstruit une nouvelle sphère familiale : les trois vieilles femmes deviennent ses cousines et la reine une nouvelle mère qui lui accorde la main de son fils.

Une visée moraliste ?

Les contes de Grimm ne comportent pas de morale explicite, comme c'est le cas dans les contes de

Perrault, qui ont une visée plus didactique. Les contes germaniques restituent des rites anciens, tout en transmettant de modestes enseignements que chaque lecteur peut lui-même déduire des récits. Derrière les multiples péripéties des héros, on peut voir la nécessité pour un être humain de passer d'un état à un autre, de l'enfance à l'âge adulte. Les contes de Grimm déclinent dans de nombreuses nuances cette idée d'une évolution indispensable vers la maturité et l'autonomie.

La cruauté dans l'univers des frères Grimm

Même si Jacob et Wilhelm Grimm ont nettement adouci la violence excessive de certains contes au moment de la retranscription, la cruauté reste un élément caractéristique du « Märchen ». Dans de nombreuses histoires, cette cruauté s'exerce à l'intérieur de la sphère familiale : une mère frappe sa fille puis se réjouit d'en être débarrassée ; un père maudit ses sept fils, les condamnant à être métamorphosés en corbeaux, et la jeune sœur devra se mutiler, en se coupant le doigt, pour conjurer le sortilège ; le père de Tom Pouce accepte de vendre son fils à des étrangers ; la belle-mère de Blanche-Neige ordonne sa mort et souhaite manger son foie et ses poumons. Que d'atrocités pour des contes destinés à des enfants ! La cruauté caractérise aussi la fin de certains contes où des châtiments horribles frappent les ennemis du héros. Contrairement à l'univers de Perrault, où Cendrillon pardonnait à ses méchantes sœurs et leur trouvait des maris, dans le monde de Grimm, celles-ci ont les yeux crevés par des oiseaux justiciers le jour des noces de l'héroïne.

La violence, constitutive des relations humaines, donne à ces histoires une dimension réaliste, qui explique le vif succès des contes et leur universalité, encore aujourd'hui. L'essentiel, c'est que le jeune héros ne reste pas prisonnier de cette violence : malgré la cruauté du monde, il se construit un destin et surmonte ses peurs à travers des épreuves. Il devient ainsi un modèle simple et efficace. Le jeune lecteur peut alors trouver dans l'univers du conte des clés qui lui permettent de grandir et de dépasser ses peurs irrationnelles.

Vérifions nos connaissances en jouant dans la forêt des contes

Vrai ou faux ?

1. Dans « La Belle au bois dormant », la princesse est appelée « Fleur de Ronce ».
2. Dans « La Belle au bois dormant », la jeune princesse se pique le doigt le jour de ses quinze ans.
3. Dans « Les Trois Fileuses », la jeune fille paresseuse doit filer de la laine de mouton.
4. Dans « Blanche-Neige », la reine grimée en vieille colporteuse veut étrangler la jeune fille avec une écharpe rouge.
5. Dans « Tom Pouce », le pauvre paysan vend son fils à deux étrangers pour le prix d'une pièce d'or.
6. Dans « Tom Pouce », le malin petit garçon échappe aux étrangers en se cachant dans le trou d'un serpent.
7. Dans « Les Sept Corbeaux », la fillette s'accuse chaque jour d'avoir fait le malheur de ses frères et décide de les libérer.

8. Dans « Les Sept Corbeaux », l'étoile du matin donne à la fillette une clé magique pour entrer dans la montagne de Diamants.
9. Dans « Le Petit Chaperon rouge », la fillette et sa grand-mère réussissent par la ruse à se débarrasser d'un deuxième loup appelé Tête-Grise.
10. Dans « Neigeblanche et Roserouge », les deux sœurs deviennent les amies d'un loup.

Des routes souvent parsemées d'obstacles et d'épreuves difficiles.

Pour chacun des contes suivants, remets dans le bon ordre les étapes du parcours des personnages.

« Tom Pouce »

1. Tom Pouce s'installe dans une coquille d'escargot.
2. Il se fait un petit nid dans le foin pour dormir.
3. Il est finalement retrouvé par son père et retourne chez lui.
4. Il est avalé par un loup affamé.
5. Il se glisse dans le terrier d'un mulot.
6. Il se retrouve dans la panse d'une vache.
7. En criant très fort, Tom Pouce fait fuir les voleurs.

« Neigeblanche et Roserouge »

1. Les deux sœurs rencontrent un nain tout ridé dont la barbe est coincée dans un arbre.
2. L'ours écrase d'un coup de patte le méchant nain.
3. Les deux fillettes empêchent un gros poisson d'emporter le nain imprudent.
4. Un soir d'hiver, un ours inoffensif vient se réfugier chez Neigeblanche et Roserouge.
5. Les deux sœurs viennent au secours du nain attaqué par un aigle.
6. L'ours se métamorphose en un beau prince et épouse Neigeblanche.

Le rôle du monde naturel

Dans les contes de Grimm, les animaux parlent, les astres et les végétaux ont des pouvoirs magiques...

Pour chacun des animaux ou éléments naturels ci-dessous, précise le conte dans lequel il intervient et quel rôle il y joue.

- une grenouille
- un ours
- l'étoile du matin
- un turbot

- deux colombes blanches
- un loup
- sept corbeaux
- un noisetier

Parmi les objets suivants, certains sont ordinaires, d'autres insolites. Replace chaque objet dans le conte auquel il appartient et précise son pouvoir lorsque c'est un objet bénéfique ou maléfique.

- douze assiettes d'or
- un beau peigne
- une paire de petits ciseaux
- un bonnet de dentelle
- un fuseau
- un petit osselet
- un lacet multicolore
- une charrette
- une ligne pour pêcher
- un morceau de galette et une bouteille de vin
- un miroir

Une morale sous-jacente

Pour les deux contes suivants, quelle serait selon toi la moralité qui conviendrait le mieux ?

« Les Trois Fileuses »

- Il ne faut pas être paresseux.
- Il faut toujours tenir ses promesses.

« Le Pêcheur et sa femme »

- L'insatisfaction permet de réaliser ses rêves.
- Une trop grande ambition conduit finalement au malheur.

Les contes, un monde cruel...

Réponds aux questions ci-dessous:

- Quelle est pour toi l'épreuve la plus cruelle subie par un des héros ? Explique pourquoi.
- Cite trois personnages que tu trouves très cruels.
- Dans le conte « Neigeblanche et Roserouge », qui est le plus cruel des deux : l'ours ou le nain ? Explique pourquoi.

TABLE DES MATIÈRES

La Belle au bois dormant	7
Les trois fileuses	19
Blanche-Neige	27
Tom Pouce	51
Cendrillon	69
Les sept corbeaux	89
Le Petit Chaperon rouge	97
Neigeblanche et Roserouge	109
Le pêcheur et sa femme	129
Pour en savoir plus	153
Vérifions nos connaissances en jouant dans la forêt des contes	163

Castor Poche

Des romans pour les grands

TITRES DÉJÀ PARUS

Castor Poche

Le Chat botté et autres contes

CHARLES PERRAULT

« Un meunier ne laissa pour tous biens à ses trois enfants que son moulin, son âne et son chat. Le plus jeune n'eut que le chat. Ce dernier ne pouvait se consoler d'avoir un si pauvre lot. »

La Belle au bois dormant, Le Petit Chaperon rouge, La Barbe bleue, Le Maître chat ou le Chat botté, Les Fées, Cendrillon ou la petite pantoufle de verre, Riquet à la houppe, Le Petit Poucet et *Peau d'Âne.* Les célèbres contes de Charles Perrault instruisent toujours autant qu'ils émerveillent et amusent.

Castor Poche

19 fables de Renard

JEAN MUZI

« – Si je savais où trouver quelqu'un d'assez fort pour neutraliser Renard, dit le paysan, je n'hésiterais pas à traverser la mer pour aller le chercher. Il faut se rendre à l'évidence : nul n'est aussi rusé que lui. »

Que ce soit pour croquer le Coq ou le Corbeau ou bien pour jouer des tours au Loup, au Lion ou à la Panthère, Renard trouve presque toujours un stratagème pour parvenir à ses fins. Mais il lui arrive parfois d'être pris à son propre piège... Dans ces fables issues des littératures orales d'Afrique, d'Asie ou d'Europe, Renard est partout un héros populaire, dont les ruses amusent autant qu'elles enseignent une morale.

Castor Poche

19 fables du roi lion

JEAN MUZI

« Il était une fois un Lion qui régnait sur une immense forêt. Nul n'osait l'affronter ou simplement croiser son regard, tant il était redoutable. Il se croyait invincible et n'imaginait pas qu'il pût rencontrer plus fort que lui. »

Jusqu'à preuve du contraire !
Ces dix-neuf fables issues des littératures d'Asie, d'Afrique et d'Europe mettent en effet en scène un lion peu fidèle à son image habituelle : il y est tour à tour peureux, lâche ou ridiculisé par des animaux beaucoup plus faibles que lui...

Castor Poche

10 histoires de diable

NATALIE BABITT

« Un jour qu'il s'ennuyait au fond de son Enfer, le Diable alla fouiller dans son sac à malices. Il se changea en marraine-fée et vint faire un tour sur cette terre, bien décidé à s'y trouver quelque pauvre âme à tourmenter. »

Mais toutes ses victimes ne sont pas si faciles à tenter… et la fumée finit bien souvent par lui sortir du nez ! Même au sein de son Enfer, les diablotins n'en font qu'à leur tête. Dans ces dix histoires diablement amusantes, le Malin a parfois bien des difficultés à tenir sa mauvaise réputation…

Histoires comme ça

RUDYARD KIPLING

« L'Enfant d'Éléphant s'agenouilla sur la berge et dit :
– Voudriez-vous, s'il vous plaît, me dire ce que vous mangez pour dîner ?
– Viens çà, petit, dit le Crocodile, et je vais te le dire à l'oreille. »

Qui aurait cru que c'est à cause de l'insatiable curiosité d'un petit éléphant que les pachydermes ont une trompe ? Que d'incroyables mésaventures ont donné leurs taches aux léopards et leur bosse aux chameaux ?
Dans ces douze contes illustrés par Kipling lui-même, l'auteur imagine, sur un ton drôle et tendre, comment était le monde à son commencement.

Castor Poche

Le magicien d'Oz

L. FRANK BAUM

« – Dans les pays civilisés, il ne reste plus de sorcières, ni de magiciens, ni d'enchanteresses, ni d'enchanteurs. Mais voyez-vous, le pays d'Oz n'a jamais été civilisé. C'est pourquoi il existe encore des sorcières et des magiciens parmi nous. »

Dorothée et son chien Toto basculent un jour de tempête dans le pays d'Oz. Dans cette étrange contrée, les sorcières ressemblent à des fées, les arbres sont doués de parole et les rêves les plus fous se réalisent. À condition, bien sûr, de les formuler devant le grand magicien d'Oz. Se lançant à la recherche du mystérieux personnage, la fillette croise en chemin l'Épouvantail, le Bûcheronen-fer-blanc et le Lion poltron, qui ont eux aussi une demande de la plus haute importance à présenter...

Castor Poche

Le coupeur de mots

HANS JOACHIM SCHÄDLICH

« Je m'appelle Filolog, dit l'homme à Paul d'une voix grondante, craquante et croassante. Je me charge de tous tes devoirs pendant une semaine si tu me donnes toutes tes prépositions et... disons, tes articles définis. »

Paul s'empresse d'accepter la proposition de ce drôle de bonhomme. Et peu importe le curieux langage qu'il adopte alors et qui fait rire toute la classe... excepté le maître. La semaine écoulée, il n'a qu'une envie : que Filolog continue à faire ses devoirs à sa place. Cette fois, l'homme exige ses formes verbales en échange... Jusqu'où Paul va-t-il aller avant de comprendre l'utilité de la grammaire ?

Castor Poche

Le stylo rouge

MARIE-CLAUDE BÉROT

« C'est à partir du jour où mon papa a disparu que plus personne ne m'a parlé et n'a plus joué avec moi. Il me semble. Je crois. Les autres ne me regardent pas méchamment, non, ils ne me regardent pas du tout. »

Est-ce parce que le père de Léonore est en prison que la place en classe à côté d'elle est toujours vide ? Peut-être... Persuadée que personne ne l'aime, Léonore reste seule et préfère ne pas poser de questions pour se réfugier dans ses rêves. Et si une rédaction pouvait rompre le silence et faire changer le regard des autres

Castor Poche

L'ancêtre disparue

LORRIS MURAIL

« – Tiens, c'est marrant, il y a un trou. On dirait que la photo a été découpée. Oh ! là aussi.
Les trois enfants se penchèrent sur l'album avec une curiosité toute neuve. Le phénomène se reproduisait à plusieurs reprises. »

En mettant le nez dans le coffre des archives familiales Marinette, Arthur et leur cousine Corinne font une étrange découverte : quelqu'un a fait disparaître toute preuve d'ex-istence d'une mystérieuse aïeule !
Les enfants s'intéressent alors de plus près à leur arbre généalogique : leur enquête les mènera sur la piste d'un secret de famille soigneusement gardé...

Castor Poche

Imprimé à Barcelone par:

CPI
BLACK PRINT

Composé par Nord Compo Multimédia
7, rue de Fives, 59650 Villeneuve-d'Ascq

Dépôt légal : août 2012
N° d'édition : L.01EJEN000806.N001
Loi n° 49-956 du 16 juillet 1949
sur les publications destinées à la jeunesse